EUGENIE BOUCHARD

Michel Marois

EUGENIE BOUCHARD

LE RÊVE

LES ÉDITIONS **LA PRESSE**

Catalogage avant publication de Bibliothèque et Archives nationales du Québec et Bibliothèque et Archives Canada

Marois, Michel, 1956-
Eugenie Bouchard : le rêve
ISBN 978-2-89705-487-8
1. Bouchard, Eugenie, 1994-   . 2. Joueuses de tennis - Canada - Biographies. I. Titre. II. Titre : Rêve.

GV994.B68M37 2016   796.342092   C2016-940544-3

Présidente : Caroline Jamet
Directeur de l'édition : Jean-François Bouchard
Directrice de la commercialisation : Sandrine Donkers
Responsable gestion de la production : Carla Menza
Communications : Marie-Pierre Hamel

Éditeur délégué : Yves Bellefleur
Conception graphique : Célia Provencher-Galarneau
Révision linguistique : Élise Tétreault
Correction d'épreuves : Michèle Jean
Photo en couverture : Paul Kane/Getty images

L'éditeur bénéficie du soutien de la Société de développement des entreprises culturelles du Québec (SODEC) pour son programme d'édition et pour ses activités de promotion.

L'éditeur remercie le gouvernement du Québec de l'aide financière accordée à l'édition de cet ouvrage par l'entremise du Programme de crédit d'impôt pour l'édition de livres, administré par la SODEC.

Nous remercions le Conseil des arts du Canada de l'aide accordée à notre programme de publication.

Financé par le
gouvernement
du Canada

Canadä

LES ÉDITIONS **LA PRESSE**
Les Éditions La Presse
7, rue Saint-Jacques
Montréal (Québec)
H2Y 1K9

«Je rêve d'être une grande joueuse de tennis et de gagner des tournois du Grand Chelem depuis que je suis toute petite. Je suis prête à tout pour y parvenir.»

- Eugenie Bouchard, août 2014

PROLOGUE

Considérée comme la meilleure joueuse de l'histoire du tennis canadien avant même l'âge de 20 ans, Eugenie Bouchard est aujourd'hui l'une des athlètes les plus connues sur le circuit féminin. Grâce à ses commanditaires, ses revenus sont parmi les plus élevés de toutes les joueuses même si elle n'a encore gagné qu'un seul tournoi – secondaire – sur le circuit de la Women's Tennis Association (WTA).

Très jolie, elle fait la une des magazines de mode et court les galas et autres événements mondains ou sportifs. Adulée par des milliers de partisans, elle compte plus de 1,3 million d'« amis » Facebook, près de 800 000 abonnés sur Instagram et quelque 565 000 autres sur Twitter. Active sur les réseaux sociaux, elle y reçoit des tonnes d'éloges et quelques demandes en mariage, mais aussi un bon lot d'insultes. Comme bien d'autres « vedettes », elle ne fait pas l'unanimité. Déjà, sa jeune carrière est jalonnée de quelques « faux pas » qui lui ont attiré les foudres de nombreux détracteurs, au Québec en particulier.

Depuis 2008, en couvrant le tennis pour *La Presse*, j'ai ainsi pu assister à l'entrée d'Eugenie au Centre national d'entraînement de Tennis Canada, la voir remporter ses premiers matchs importants et ses premiers titres. J'ai aussi pu la suivre un peu partout dans le monde pour raconter ses progrès, assister à ses premiers exploits et aussi à certains de ses déboires.

À plusieurs occasions, j'ai pu croiser ses parents, Michel et Julie, ses sœurs, Beatrice et Charlotte, et son frère, William, aussi bien dans les grands tournois que dans leurs coulisses. J'ai vu d'autres jeunes joueurs et joueuses effectuer des parcours similaires, côtoyer les champions actuels et plusieurs légendes du passé.

Le tennis est un sport fascinant qui exige un rare mélange de qualités physiques et mentales. Il n'y a pas de «recettes» assurées, certains réussissent, d'autres non, mais c'est habituellement au prix de lourds sacrifices, dès l'enfance, que les athlètes font leur chemin vers les sommets. Quelle est alors l'importance du talent, du travail, du caractère et de la détermination dans la progression d'un champion? Quel rôle jouent la famille, les proches, les entraîneurs, les agents?

Eugenie Bouchard a déjà accompli davantage sur les courts que toutes les joueuses canadiennes avant elle. Finaliste en Grand Chelem, cinquième au classement mondial, elle a connu en 2014 une saison digne des plus grandes joueuses de sa génération. Ses déboires de l'année suivante lui ont certes rappelé qu'elle en avait encore beaucoup à apprendre, mais Eugenie a rebondi avec force en 2016, et qui sait ce qu'elle nous réserve.

En 2014, au milieu de son «été de gloire», Eugenie avait confié en entrevue: «Quand on a de grands rêves, quand on veut réussir quelque chose de vraiment spécial, il faut être prêt à faire des sacrifices et à accomplir des choses spéciales pour y parvenir. Je rêve d'être une grande joueuse de tennis, de gagner des tournois du Grand Chelem depuis que je suis toute petite. Je suis prête à tout pour y parvenir.»

Suivons-la donc à la poursuite de ce rêve.

L'ASCENSION

UNE CHUTE QUI TOMBE MAL

La carrière d'Eugenie Bouchard a pris une tournure dramatique le vendredi 4 septembre 2015 quand elle a fait une chute dans un vestiaire du stade Arthur-Ashe, à New York. Elle venait de vivre une folle journée à l'Omnium des États-Unis avec deux victoires spectaculaires. La première victoire, au troisième tour du tournoi féminin contre la Slovaque Dominika Cibulkova, confirmait son retour à l'avant-plan après une saison catastrophique marquée par des blessures et des défaites hâtives dans plusieurs tournois, à Roland-Garros et à Wimbledon en particulier. La seconde, en double mixte avec l'Australien Nick Kyrgios, lui avait permis de s'amuser et même de « flirter » avec le flamboyant Kyrgios, une vedette montante du tennis aussi commanditée par Nike.

Après une douche rapide, elle avait été vue radieuse, en conférence de presse, malgré la fatigue et l'heure tardive. Elle n'était finalement revenue dans le vestiaire qu'un peu avant minuit, mais elle avait tout de même insisté pour faire sa routine habituelle d'après-match, avec notamment un bain glacé.

La suite est plus nébuleuse et fait encore aujourd'hui l'objet d'une poursuite de plusieurs millions de dollars devant la justice américaine.

Selon Eugenie, le vestiaire était désert et les lumières éteintes dans la section où se trouvent les bains. Des préposés à l'entretien étaient déjà passés, et la surface du plancher était recouverte d'une substance glissante (un détergent). Toujours selon sa version, l'athlète aurait perdu pied en avançant à tâtons et serait tombée à la renverse, son épaule et sa tête heurtant violemment la céramique du sol. Rejointe par des proches, Eugenie a été conduite à l'hôpital Mount Sinaï de New York où les médecins ont diagnostiqué une commotion cérébrale.

Après s'être retirée du tournoi en double féminin et en double mixte le lendemain de l'accident, Bouchard s'est présentée au Centre national de tennis le dimanche après-midi, quelques heures avant son match de quatrième tour en simple féminin, prévu en soirée. La tête recouverte par le capuchon de son gilet, les yeux cachés derrière de gros verres fumés, le teint livide, les traits tirés, l'air hagard et apparemment désorientée, elle espérait néanmoins encore pouvoir affronter l'Italienne Roberta Vinci.

Malgré l'annulation de ses séances d'échauffements prévues à 15 h 15, puis à 16 h, elle tentait encore de convaincre le personnel médical du tournoi de la laisser jouer. Bien que ce soit habituellement le joueur qui décide s'il est en mesure de disputer un match, le directeur d'un tournoi peut intervenir s'il estime que la santé et la sécurité de l'athlète sont menacées.

Après un deuxième avis médical défavorable, et devant l'insistance de son entourage, Eugenie finit par admettre l'évidence vers 16 h 30 : elle va devoir déclarer forfait. Après avoir signé le formulaire officiel, elle quitte les lieux avec ses proches.

Dans un communiqué laconique, le directeur du tournoi, David Brewer, confirme : « La 25e tête de série Eugenie Bouchard a été forcée de se retirer de son match de simple contre Roberta Vinci en raison d'une commotion cérébrale. »

Une triste sortie, juste au moment où l'athlète semblait avoir retrouvé son allant.

L'affaire n'allait cependant pas en rester là.

Déjà, dans les heures suivant l'accident, l'entourage de Bouchard avait été interrogé sur les causes de sa chute et sur la responsabilité des organisateurs. La mère de l'athlète, Julie Bouchard, toujours présente à ses côtés, avait refusé de commenter prétextant qu'elle n'était pas en position de parler.

De leur côté, les organisateurs annonçaient avoir lancé une enquête interne pour faire la lumière sur l'incident. Le dimanche soir, après le retrait définitif de Bouchard, le porte-parole de l'Omnium, Chris Widmaier, restait évasif. Quand une journaliste lui demandait si des poursuites étaient possibles, il hésitait un peu, puis indiquait : « Je ne peux répondre à une telle question avant d'avoir plus d'informations. Je crois qu'il s'agit d'une question légitime, mais je ne peux y répondre. »

La réponse allait arriver quelques semaines plus tard, le 14 octobre. Eugenie et sa mère avaient embauché un réputé avocat new-yorkais, Benedict Morelli, afin de poursuivre l'Association américaine de tennis (USTA) pour négligence. Me Morelli a bâti sa réputation dans des procès médiatisés opposant des individus à de grandes sociétés. Il a obtenu des dédommagements de plusieurs millions dans des affaires d'erreurs médicales, de négligence ou de harcèlement.

Selon lui, Bouchard était en droit d'obtenir plusieurs millions en compensation. «Il s'agit d'un cas évident de négligence ayant entraîné des dommages graves pour ma cliente», estimait Morelli en entrevue téléphonique le 14 octobre. «Mademoiselle Bouchard a été touchée tant sur le plan physique, moral et économique. Il ne faut pas oublier qu'au moment de sa blessure, elle était la seule joueuse encore en lice pour trois championnats à New York: en simple, en double et en double mixte. Son adversaire prévue au quatrième tour, mademoiselle Vinci, s'est rendue jusqu'en finale.»

«Alors qu'elle avait retrouvé son élan vers les sommets de son sport, cet accident lui a fait perdre non seulement la chance de gagner l'Omnium des États-Unis, mais aussi plusieurs mois, voire plus encore, dans la poursuite de sa carrière, poursuivait l'avocat. Les pertes financières de ma cliente sont considérables. Nous ne prétendons pas que les dommages sont permanents, mais elle a subi une grave commotion, a perdu une formidable opportunité et son classement en a beaucoup souffert.»

L'avocat new-yorkais disait alors espérer parvenir à une entente à l'amiable avec la USTA, mais assurait être prêt à un procès devant jury, comme il l'avait demandé dans la plainte. Audacieuse et courageuse, la démarche n'en était pas moins controversée. Quelle allait être la réaction des autres joueuses et des organismes qui régissent le tennis féminin, tous partenaires de la USTA? Et comment la puissante organisation américaine allait-elle se défendre?

La réponse à cette dernière question est venue un peu plus d'un mois plus tard, le 13 novembre, et elle n'était guère flatteuse pour Bouchard. Dans un document de 16 pages remis à la Cour de district de Brooklyn, les avocats de la USTA contestaient avec véhémence la version du clan Bouchard. Selon eux, les vestiaires n'étaient jamais dans l'obscurité pendant l'Omnium des États-Unis, un éclairage tamisé étant toujours allumé même quand l'interrupteur principal était fermé. On ajoutait que les accès aux différentes pièces du local étaient ouverts et bien dégagés.

Les avocats de la USTA estimaient par ailleurs que l'athlète avait enfreint ou ignoré le protocole, les procédures et les habitudes de sa profession en utilisant les équipements de la salle de physiothérapie (les fameux bains glacés) sans aucune supervision.

Le document légal précisait aussi que Bouchard et ses proches avaient refusé toute assistance médicale après qu'elle eut fait part de sa chute au personnel présent dans le vestiaire, préférant quitter le Centre national de tennis. Dans cette perspective, les avocats de la USTA estimaient que la « négligence » relevait plutôt de « tierces parties », qui n'étaient pas mentionnées dans la poursuite.

Le document indiquait aussi que les demandes de dédommagement pour les sommes perdues à l'Omnium des États-Unis, et dans les quatre tournois subséquents où Bouchard n'avait pu jouer en raison de sa blessure, étaient à la fois spéculatives et incertaines. Les avocats de la USTA soutenaient finalement que les affirmations selon lesquelles l'athlète avait subi des blessures et des séquelles permanentes et durables étaient contredites par les nombreuses déclarations de Bouchard elle-même dans des entrevues et dans les médias sociaux.

Joint quelques jours plus tard, Me Morelli se montrait peu impressionné, mais il avouait que sa cliente avait été secouée. « Ils sont très agressifs avec moi, m'a-t-elle dit au téléphone. Je lui ai conseillé d'oublier ça, de se concentrer sur sa vie, de reprendre sa carrière et de montrer au monde entier quelle grande championne elle est ! »

Plusieurs mois se sont écoulés depuis l'accident.

Eugenie a repris la compétition et elle a vite obtenu d'excellents résultats au début de 2016. Son litige avec la USTA n'est pas réglé et les procédures pourraient traîner pendant plusieurs années si les deux parties ne s'entendent pas à l'amiable et que l'affaire se rend devant les tribunaux.

Toute cette affaire offre toutefois un étonnant résumé d'une carrière déjà remarquable avec des sommets spectaculaires et des passages plus sombres. Ses admirateurs ne jurent que par ses succès, sur les courts et à l'extérieur, tandis que ses dénigreurs soulignent à grands traits chacun de ses « faux pas ».

Incomprise, Eugenie Bouchard ? Sans doute un peu, et son parcours mérite d'être examiné avec attention, depuis ses débuts, pour démêler les paradoxes de cette athlète d'exception.

UNE ENFANCE « ROYALE »

Vieillir est probablement la plus grande crainte d'Eugenie Bouchard. En fait, elle n'ose même pas y penser et préfère vivre sa vie comme si l'adolescence, ou même l'enfance, n'allait jamais s'arrêter. Encore tout récemment, elle adorait déguster des purées pour bébé comme collation.

Élevée à Westmount avec ses sœurs, Beatrice et Charlotte, ainsi que son frère, William, Eugenie a eu une enfance en apparence choyée. Le père, Michel Bouchard, est alors à l'emploi d'une banque d'investissement spécialisée en fusions et acquisitions tandis que la mère, Julie Leclair, diplômée en comptabilité, a quitté son travail pour se consacrer à leurs quatre jeunes enfants.

Prénommés en l'honneur de membres des familles royales d'Europe, Eugenie et Beatrice, qui sont nées le 25 février 1994, portent les mêmes prénoms que les filles du prince Andrew et de Sarah Ferguson. Charlotte, née en 1995, a été prénommée en l'honneur de Charlotte Casiraghi, la fille de Caroline de Monaco et de Stefano Casiraghi, tandis que William, né en 1999, partage le prénom du futur souverain du Royaume-Uni.

Beatrice et Eugenie sont donc des jumelles, la première étant née six minutes avant sa sœur. Les deux jeunes femmes sont toutefois très différentes l'une de l'autre. Leur mère rappelle souvent qu'elles l'étaient dès leurs premiers mois. « Eugenie a toujours été très performante, beaucoup plus que Beatrice. À l'école primaire, elle n'était satisfaite qu'avec des 100 %... »

Les trois sœurs Bouchard étudient à The Study, une institution privée pour filles de Westmount située à quelques rues de leur domicile. La famille habite alors une imposante résidence dans la même rue que l'ancien premier ministre du Canada Brian Mulroney. Les sœurs Bouchard semblent avoir laissé d'excellents souvenirs à The Study, et certains professeurs sont toujours en contact avec elles.

« Eugenie était douée pour les sports, mais elle n'était pas excessivement compétitive », se souvient Susan Desautels, qui a enseigné l'éducation physique aux trois filles. Eugenie avait une bonne influence sur les autres étudiantes, comme une leader silencieuse qui prêche par l'exemple. Elle était aussi capable de se réjouir des succès des autres.

« Je me souviens de ses performances à la Halo Race, une course de cross-country sur le mont Royal à laquelle prennent part chaque année les élèves des écoles du Greater Montreal Athletic Association. En 2004, elle a laissé toutes les filles loin derrière elle en brisant la barre des quatre minutes sur un kilomètre (3 minutes 58 secondes). Beatrice est arrivée quatrième (4 minutes 39 secondes), mais elles sont tombées dans les bras l'une de l'autre avec le même plaisir. Certains jumeaux et jumelles sont en compétition l'un contre l'autre, mais cela n'a sûrement pas été le cas de Beatrice et Eugenie. C'était amusant d'enseigner à une telle paire ! »

Mme Desautels ne s'étonne pas du parcours d'Eugenie, mais elle croit que Beatrice et Charlotte auraient pu réussir elles aussi dans les sports : « Elles sont toutes très déterminées, mais les deux autres avaient d'autres intérêts. » Alors qu'Eugenie a quitté The Study au moment d'amorcer sa septième année (1re secondaire) pour aller vivre et s'entraîner en Floride, Beatrice et Charlotte y ont étudié jusqu'à la fin de leurs études secondaires.

Le tennis était une passion familiale depuis longtemps chez les Bouchard, Julie et Michel pratiquant ce sport avant la naissance de leurs enfants. Quand les jumelles étaient encore très jeunes, ils les emmenaient dans leur poussette tout près des courts du parc Murray Hill. C'est là qu'Eugenie et Beatrice ont entendu pour la première fois le son d'une balle de tennis. Leur père leur a rapidement offert des palettes de bois et une balle pour jouer dans le sous-sol de leur résidence. À cinq ans, les jumelles ont été inscrites à des cours dans un club de Montréal.

M. Bouchard est revenu sur ces « débuts », en 2012, après la victoire d'Eugenie au tournoi junior de Wimbledon. « Elle a vite démontré un bon potentiel, mais elle a pu progresser rapidement parce que nous l'avons un peu poussée au début. Aucun enfant de cinq ans ne vient dire à ses parents qu'il veut jouer au tennis. C'est un sport difficile à apprendre, surtout quand on est très jeune, de dire Michel Bouchard. La balle est difficile à contrôler, et on ne peut avoir de longs échanges. Cela prend une bonne concentration et beaucoup de patience. Eugenie avait déjà d'excellentes habiletés physiques et elle était capable de se concentrer sur un objectif. Nous l'avons inscrite à des cours, embauché des entraîneurs professionnels et l'ascension a commencé. Cela a été progressif. Comme elle aimait le tennis, elle en voulait toujours plus : deux fois par semaine, trois fois, quatre fois… Elle a commencé à quitter l'école un peu plus tôt pour avoir des leçons privées, puis elle a commencé les compétitions sérieuses. »

C'est au club de L'Île-des-Sœurs que le tennis est devenu une passion pour Eugenie. « Au début, on nous faisait jouer avec des ballons et des cerceaux, rappelait-elle en entrevue en 2012. Ma sœur et les autres enfants s'amusaient beaucoup, mais moi, je détestais ça ! J'avais juste envie de frapper de vraies balles et de jouer au tennis. Mes parents m'ont inscrite à des cours plus sérieux, trois fois par semaine, puis à des cours privés. J'ai tout de suite aimé la compétition et j'ai pu jouer un premier tournoi à huit ans. »

À l'époque, son entraîneur était Zdenek Bukal. « J'ai travaillé avec elle pendant plusieurs années quand elle avait entre six et douze ans », souligne l'entraîneur d'origine tchèque qui est encore attaché au club de L'Île-des-Sœurs. « Au début, ses deux sœurs, Beatrice et Charlotte, l'accompagnaient, mais elles voulaient surtout s'amuser tandis qu'Eugenie ne pensait déjà qu'à jouer des matchs ! »

Arrivé au Canada quand il avait sept ans et demi, Bukal a hérité de ses parents et de son pays d'origine un sens de la discipline et des valeurs très fortes. Après avoir dû renoncer à ses rêves de joueur en raison d'une grave blessure à l'épaule droite, il a été formé par le réputé Louis Cayer – un entraîneur hors pair qui travaille maintenant en Grande-Bretagne – et est vite devenu l'un de ses adjoints au club de L'Île-des-Sœurs.

Il avait déjà une belle expérience au tournant des années 2000 quand les parents d'Eugenie lui ont confié leur fille. « Au début, elle était un peu introvertie, mais aussi beaucoup plus mature que les autres enfants de son âge, rappelle Bukal. Elle était capable de se concentrer sur quelque chose, contrairement à d'autres jeunes qui ne pensaient qu'à s'amuser. C'est cette concentration, combinée à une grande motivation, qui lui a permis de s'améliorer rapidement. Cela a ensuite fait boule de neige : elle voyait qu'elle s'améliorait et travaillait avec encore plus de sérieux. Je me souviens de ses débuts en compétition, ici au club de L'Île-des-Sœurs, dans un petit tournoi à la ronde entre nos meilleurs joueurs. Je ne sais plus si c'était son premier ou son deuxième match, mais elle avait battu un garçon, un très bon joueur, et nous avions tous compris, elle la première, qu'elle avait du potentiel. »

Bukal souligne que la jeune fille était déjà très compétitive : «Elle n'aimait pas perdre, c'est certain, mais elle n'était pas mauvaise perdante. Je peux être sévère et j'aime que les joueurs que j'entraîne aient un bon comportement sur le terrain. Cela a toujours été le cas avec Eugenie. Et déjà, la compétition lui permettait de se dépasser. Alors que d'autres perdent tous leurs moyens quand ils se retrouvent en situation de match, elle n'était pas du tout impressionnée et jouait encore mieux quand la pression était forte. »

Eugenie Bouchard raconte qu'elle a décidé très tôt qu'elle ferait une carrière de cet amour du tennis. «Dès l'âge de huit ou neuf ans, je savais que c'était ce que j'avais envie de faire dans la vie, confiait-elle. Ça peut paraître jeune, mais c'était déjà très clair dans ma tête et j'étais prête à faire ce qu'il fallait. »

Alors que Beatrice délaisse sa raquette – elle prétend avoir pris sa retraite à six ans! – et que William préfère le hockey, Eugenie plonge à fond dans le tennis avec l'appui inconditionnel de ses parents. Elle prend d'ailleurs vite l'ascendant sur ses frères et sœurs au point où ceux-ci commencent alors à la surnommer «The Chosen One». Inévitablement, le tennis occupe une place de plus en plus grande dans la vie familiale, Michel et Julie consacrent désormais beaucoup de temps au développement de leur fille.

Zdenek Bukal confirme que les Bouchard ont beaucoup investi dans Eugenie. «Ils en avaient beaucoup sur les bras avec quatre enfants, et ce n'était pas facile de respecter les horaires de tout le monde. Mais ils étaient conscients du talent de leur fille et n'ont pas hésité à prendre les décisions qu'il fallait pour l'aider à progresser. J'ai mérité leur confiance et j'ai travaillé avec Eugenie pendant une période de six ans entrecoupée de quelques brèves interruptions. Je l'ai ainsi vue devenir la meilleure joueuse au Québec et aujourd'hui, j'avoue que je ressens beaucoup de fierté quand je la vois obtenir du succès. Ce n'est pas un *ego trip* – nous sommes plusieurs à y avoir contribué –, mais je sais que je n'aurai sans doute plus jamais la chance d'entraîner une joueuse aussi douée.»

Les responsables de Tennis Canada ont remarqué Eugenie vers l'âge de 10 ans. L'arrivée du technicien français Louis Borfiga, en 2004, a contribué à la création du Centre national d'entraînement du stade Uniprix, au parc Jarry de Montréal, quelques années plus tard. Déjà, des entraîneurs nationaux tentaient d'identifier des jeunes joueurs de talent. L'un d'eux, Sylvain Bruneau, travaillait spécialement avec les filles.

«Je l'ai vue la première fois lors d'un camp pour l'élite au parc Mohawk à Montréal», rappelle le responsable de l'élite féminine à Tennis Canada. «Elle devait alors avoir neuf ou dix ans et elle était l'une des plus jeunes du camp. Elle était pourtant déjà l'une des plus matures. Je me souviens avoir été surpris à l'époque par son approche très cognitive du tennis », a expliqué celui qui est aussi capitaine de l'équipe canadienne de Fed Cup, l'équivalent féminin de la Coupe Davis.

« Elle avait une grande soif d'apprendre, posait beaucoup de questions et voulait comprendre pourquoi elle faisait quelque chose. Mais elle était ensuite très assidue pour mettre en pratique ce qu'on venait de lui expliquer. C'est normal à 10 ans de vouloir jouer, s'amuser et socialiser avec les jeunes autour de nous. Quand on entraîne des jeunes de cet âge, il faut sans cesse répéter le but et l'importance des exercices. Et même là, ça ne marche pas souvent. La plupart du temps, le jeune retourne à ses vieilles habitudes parce que ça lui permet de gagner tout de suite, en oubliant complètement qu'il ne fera aucun progrès…

« Eugenie, elle, a tout de suite compris le processus. J'ai travaillé avec elle lors de quatre camps à cette époque et je n'ai jamais revu un tel degré de maturité chez une fille de 10 ans. Elle était vraiment la seule à pouvoir se concentrer sur un exercice pendant toute une matinée, puis à le mettre directement en pratique l'après-midi dans des matchs. Ça ne la dérangeait pas de perdre – et je l'ai vue perdre 6-0, 6-0 contre une autre bonne joueuse qui a fini par plafonner – car elle savait déjà que c'était de cette façon qu'elle deviendrait une grande joueuse de tennis. »

Bruneau estime que Bouchard n'a jamais perdu cette qualité. « Je l'accompagne encore régulièrement pendant les tournois du Grand Chelem et je me souviens avoir eu un *flashback*, en 2014, pendant une séance de préparation pour un match important à Roland-Garros. Elle discutait du plan de match avec son entraîneur Nick Saviano et écoutait les conseils techniques de celui-ci avec la même attention que la petite fille de 10 ans qui m'écoutait plusieurs années auparavant… »

Restons justement avec cette jeune fille intelligente et déterminée, en 2004, quand elle commence à collectionner les victoires et qu'elle se bâtit une solide réputation malgré son jeune âge. Elle est d'ailleurs invitée à jouer au prestigieux Open 12 d'Auray, en France, une compétition qu'ont déjà remportée des joueurs comme Kim Clijsters, Rafael Nadal ou Andy Murray et qui est un peu considérée comme le championnat du monde officieux des joueurs de 12 ans et moins.

Son talent est alors indéniable, son potentiel énorme. « C'est quand même impossible de prédire qu'un garçon ou qu'une fille de cet âge va devenir un champion, souligne Zdenek Bukal. Il faut vraiment un engagement inconditionnel du jeune, de ses parents et, encore là, rien n'est garanti. Eugenie était passionnée par le tennis, c'était évident, et ses parents croyaient en elle. »

Michel Bouchard et Julie Leclair allaient bientôt donner une preuve de cette confiance.

UNE RENCONTRE AVEC MARIA SHARAPOVA

Eugenie Bouchard se défend d'avoir une idole
parmi les autres grandes joueuses de tennis,
mais Maria Sharapova a certainement été son
modèle pendant son enfance. De sept ans son
aînée, la Russe de 1 mètre 88 (6 pieds 2 pouces)
était jusqu'à l'annonce récente d'un test antidopage positif l'athlète féminine la mieux payée
au monde. Il existe une photo de leur première
rencontre, le 29 mars 2002 au Crandon Park
de Miami, site d'un important tournoi annuel.
Eugenie venait d'avoir huit ans tandis que
Sharapova allait bientôt en avoir 15. Formée
à l'Académie de Nick Bollettieri, en Floride,
elle avait connu des succès chez les jeunes
et venait de débuter chez les professionnelles.
Inscrite à une compétition «invitation» pour les
meilleures joueuses juniors du monde – qu'elle
allait gagner –, la grande Maria était bien entourée
et il n'était pas facile de l'approcher. Grâce à des
relations, Michel Bouchard réussit toutefois à
entraîner sa fille dans les coulisses du tournoi
afin de la photographier avec Sharapova. Environ
deux ans plus tard, en 2004, la Russe remportait
le tournoi de Wimbledon. Dix ans plus tard,
Maria et Eugenie s'affrontaient en demi-finale
à Roland-Garros

UN EXIL PROFITABLE, MAIS DISPENDIEUX

EN 2006, EUGENIE A À PEINE 12 ANS, MAIS SES PARENTS ONT déjà consacré des dizaines de milliers de dollars à ses activités sportives que ce soit pour les cours, les leçons privées et les déplacements en tournoi.

À l'automne, Michel Bouchard et Julie Leclair doivent prendre une décision lourde de conséquences pour leur famille. Le potentiel de leur fille est tel qu'elle doit maintenant s'entraîner sérieusement toute l'année. Les meilleures options sont les fameuses «académies de tennis» qu'on retrouve en Europe et aux États-Unis.

Les parents d'Eugenie avaient eu l'occasion de visiter plusieurs de ces «écoles à champions» lors de vacances en Floride et ils avaient été impressionnés par le directeur de l'une d'entre elles, Nick Saviano, rencontré lors du tournoi Eddie Herr International, à l'Académie IMG. Et Eugenie connaissait déjà la Britannique Laura Robson, avec qui elle avait justement joué dans le même tournoi et qui s'entraînait chez Saviano depuis plusieurs mois.

Ancien joueur du Top 50 mondial avec quatre titres sur le circuit de l'Association des joueurs de tennis professionnel (ATP), des présences en ronde des 16 à Wimbledon et des victoires contre des joueurs du Top 10, l'Américain était devenu entraîneur à 30 ans. Associé au programme junior de la Fédération nationale américaine de tennis (USTA), il avait mené plusieurs joueurs à des titres nationaux ou en Grand Chelem chez les juniors avant de créer la Nick Saviano High Performance Tennis Academy à Sunrise, en Floride.

Eugenie y arrive en septembre 2006. « Elle n'avait que 12 ans à l'époque, a rappelé Saviano en entrevue. Je travaille avec de très jeunes athlètes et je suis conscient des responsabilités que cela implique. Des parents font d'énormes sacrifices pour envoyer leurs enfants ici. »

En plus des frais annuels de plus de 25 000 $, il faut prévoir les coûts liés aux leçons privées optionnelles, aux déplacements en tournoi sans oublier l'inscription à une école en ligne et les frais importants d'hébergement pour ceux qui ne résident pas en Floride. C'est le cas des Bouchard qui, en 2006, louent un condominium près de Sunrise. Julie Leclair et Eugenie en feront leur domicile principal pour les prochaines années pendant que Michel Bouchard demeurera à Montréal. Les autres enfants feront la navette jusqu'à l'automne suivant, lorsqu'ils s'installeront tous là-bas à leur tour.

À l'Académie, l'horaire est chargé. De la fin août au début juin, cinq jours par semaine, les meilleurs espoirs inscrits au programme de développement à temps plein sont plongés dans un environnement qui ne laisse guère de place aux loisirs. Nick Saviano lui-même supervise l'entraînement de tous ces joueurs de concert avec une équipe formée d'un entraîneur, d'un préparateur physique et d'un parent.

Avec deux heures sur les courts le matin, deux autres heures l'après-midi, une heure de conditionnement physique et la possibilité d'ajouter des leçons privées tôt le matin ou en fin de journée, ce n'est souvent qu'en début de soirée que les jeunes peuvent rentrer chez eux ou dans leur famille d'accueil. Loin de se plaindre, Eugenie est immédiatement l'une des plus assidues au boulot.

«Je me souviens d'une jeune fille très intelligente et confiante en ses moyens, explique Saviano. Très vite, elle s'est démarquée par sa détermination et son éthique de travail. Elle adorait être sur un court de tennis, ce qui est vraiment important. À ce niveau, les jeunes passent des heures sur les terrains et ils doivent vraiment aimer cela. C'était le cas d'Eugenie et je ne crois pas qu'elle ait jamais perdu cet amour du tennis.»

À l'Académie de Nick Saviano, Eugenie côtoiera d'autres joueuses de son âge, dont Laura Robson, bien entendu, qui deviendra une de ses meilleures amies et le restera pendant plusieurs années. La puissante Américaine Sloane Stephens s'entraîne aussi à l'académie et la compétition est vive.

Ni la plus grande, ni la plus forte, Eugenie gagne pourtant sa large part des matchs. «Elle pense vite et cela lui permet d'apprendre rapidement, souligne Saviano. Avec son ardeur au travail, elle appliquait rapidement toutes les leçons que nous lui enseignions et progressait beaucoup plus vite que la plupart des autres joueuses. Et, comme elle était déjà très compétitive, elle était l'une de nos meilleures joueuses. C'est vrai qu'Eugenie n'est pas la plus grande, mais elle fait quand même 1 mètre 78 (5 pieds 10 pouces). C'est une bonne taille pour le tennis et elle se déplace bien sur un court. »

Un an après son arrivée à Sunrise, Eugenie commence sérieusement à disputer des tournois de calibre international. Elle avait déjà pris part à quelques compétitions à l'étranger, notamment l'Open Super 12 d'Auray en France en 2005, quand elle n'avait que 11 ans; mais là, en 2007, c'est du sérieux. Elle et sa mère découvrent cette existence de nomades qu'elles vivent encore aujourd'hui.

En même temps, elles évoluent dans un environnement un peu « protégé » où leur vie est dictée par l'horaire des entraînements, des matchs et des déplacements. Julie Leclair est omniprésente et porte déjà plusieurs « chapeaux ». Agente, chauffeuse, préparateur physique, cuisinière, coiffeuse, styliste et... mère, elle accompagne Eugenie partout.

Les résultats ne tardent pas à arriver. À la fin de l'année, la jeune joueuse remporte avec Robson le double féminin de la Prince Cup, à Miami. Quelques mois plus tard, elle gagne ses premiers tournois de la Fédération internationale de tennis (ITF) en simple. Elle s'impose au Costa Rica Bowl en prenant la mesure de la Portoricaine Monica Puig en finale, puis au Championnat All Canadian contre sa compatriote canadienne Dominique Harmath. Elle n'a encore que 14 ans, mais progresse à grands pas.

Les coûts de ces progrès sont toutefois très élevés.

Pour le voyage au Costa Rica en 2008, par exemple, en plus des dépenses personnelles d'Eugenie et de sa mère, Michel Bouchard avait aussi dû payer le séjour de deux semaines à l'entraîneur qui accompagnait alors sa fille, une dépense totale de l'ordre de 8 000 $.

« Développer un athlète de pointe est extrêmement coûteux », explique Séverine Tamborero, responsable des clubs haute performance et du développement des 10 ans et moins à Tennis Canada. Pendant les premières années de formation, à 14 ou 15 ans, cela peut aisément représenter de 75 000 $ à 100 000 $. Et quand les athlètes juniors de pointe entreprennent la transition chez les professionnels, cela peut grimper jusqu'à 200 000 $ ou même 300 000 $. Pas étonnant que certains parents attendent un retour sur leur investissement, plus tard, quand l'athlète arrive chez les professionnels. »

À l'époque, M. Bouchard travaille à son compte. Après des études en droit à l'Université de Montréal, puis un MBA à l'Université Western à London, en Ontario, il avait occupé pendant 13 ans des postes de responsabilité dans de grosses sociétés financières canadiennes – CIBC Marché des capitaux, TD Valeurs mobilières et RBC Dominion Valeurs mobilières. En 2000, au plus fort de la crise financière qui secoue le secteur des banques, il fonde MGM Capital Inc., une firme de consultation en fusions et acquisitions spécialisée dans le secteur des « mid cap » (des entreprises dont les immobilisations se situent entre 2 et 10 milliards de dollars).

En 2003, M. Bouchard forme aussi avec un associé, François Gervais, une société en commandite – Tennis Mania – dont l'objectif officiel est de « faire la promotion du tennis junior et de procurer une assistance financière aux jeunes athlètes prometteurs ». En fait, seules deux athlètes vont recevoir une aide de la société en commandite : Eugenie et Béatrice Gervais, la fille de François Gervais.

L'objectif véritable des partenaires est double. D'une part, les investisseurs comptent être remboursés, avec un profit de 10 %, lorsqu'Eugenie ou Beatrice seront devenues des joueuses de tennis professionnelles et que leurs revenus le permettront. (Un troisième associé, Jacques Nolin, un ancien collègue de M. Bouchard, a d'ailleurs investi 30 000 $ dans Tennis Mania dans le seul but de récolter ce profit éventuel). D'autre part, M. Bouchard et M. Gervais veulent que les sommes consacrées aux dépenses d'entraînement et de compétition de leurs filles soient déductibles d'impôt.

Les choses ne tournent toutefois pas comme le père d'Eugenie et ses associés l'espéraient. François Gervais se retire de la société quand il devient évident que sa fille n'a pas le talent nécessaire pour atteindre les rangs professionnels. Puis, en août 2013, un jugement de la Cour canadienne de l'impôt permet d'exposer ce que le juge Rommel G. Masse décrit comme un stratagème «visant à générer des déductions d'impôt». M. Bouchard avait voulu déduire la somme de 81 143 $ à titre de pertes d'entreprise subies par Tennis Mania entre 2005 et 2007. D'abord acceptées, ces déductions avaient été contestées par l'Agence du revenu du Canada en 2009 après une vérification des livres de la société en commandite. Faisant appel de la décision, M. Bouchard avait porté l'affaire devant le tribunal administratif en novembre 2010.

En cour, M. Bouchard explique «le principe fondamental en fiscalité, c'est qu'on peut déduire toute dépense encourue dans le but d'avoir un revenu. Nous prenions un risque, mais nous savions à travers notre expérience avec les meilleurs entraîneurs juniors qu'Eugenie avait un énorme potentiel. À l'époque, elle était déjà l'une des meilleures joueuses du monde de son âge».

Bien au fait des réalités du tennis, M. Bouchard convenait qu'il aurait aussi pu signer un contrat avec une agence spécialisée comme IMG, comme l'avait fait le père de Maria Sharapova en 1995. L'agence aurait alors trouvé des commanditaires et pris en charge le développement d'Eugenie, mais M. Bouchard jugeait qu'un tel arrangement n'aurait pas été avantageux à long terme.

Dans son jugement, le juge Masse indique qu'«il est évident que M. Bouchard s'est lancé dans cette entreprise pour des motifs strictement personnels liés au développement de sa fille comme joueuse professionnelle de tennis. [...] J'en conclus qu'il ne considérait pas la société en commandite comme une source de profits, mais qu'il était plutôt à la recherche d'un moyen de financer le parcours d'Eugenie tout en se ménageant un avantage fiscal personnel sous forme de perte».

Le juge Masse expliquait toutefois dans son jugement que la société en commandite n'avait aucune possibilité légale d'attendre un profit de ses activités, protégeant ainsi la liberté d'Eugenie Bouchard dans la gestion d'éventuels revenus. «Tout espoir de récupérer l'argent investi et de réaliser un bénéfice se situe dans un avenir très lointain, soit au bas mot une décennie. [...] En outre, cette éventualité ne dépendait nullement de la valeur du plan d'affaires, mais uniquement du bon vouloir d'Eugenie Bouchard et de sa volonté de partager les fruits de son travail acharné [...], une chose qu'elle pourrait ne pas vouloir faire et qu'elle ne peut être forcée à faire.»

Ayant visiblement à cœur les intérêts de la jeune femme, le juge Masse rappelait: «Eugenie n'avait que neuf ans lors de la création de la société en commandite. Elle n'avait pas la capacité juridique de s'engager à distribuer une part des revenus qu'elle tirerait de sa carrière de joueuse professionnelle. […] Loin de moi l'idée de vouloir insinuer qu'au moment de passer dans les rangs professionnels, Eugenie se montrerait capricieuse ou irrévérencieuse envers son père. Cela dit, le fait est qu'elle n'a pas pris part à l'entreprise et qu'elle ne peut pas être forcée par la loi à procurer à la société en commandite les profits censément attendus : l'argent qu'elle gagne lui appartient à elle seule. La décision de partager ou non cet argent lui revient entièrement et la société en commandite ne peut rien y faire. Si Eugenie refusait de partager ses revenus avec la société en commandite, celle-ci ne disposerait d'aucun recours en droit pour obliger un tel partage. »

Au moment du jugement, Eugenie était déjà l'une des meilleures joueuses au monde. À 19 ans, elle était classée 62e au monde et avait gagné plus de 300 000 $ en bourses, sans compter ses revenus de commandites.

Interrogé par *La Presse*, M. Bouchard déclarait : « Je suis déçu du résultat. J'étais de bonne foi et il y avait dans la société des investisseurs qui n'étaient pas liés à notre famille, mais nous acceptons le jugement et nous tournons la page. »

Le rôle des parents est souvent déterminant dans le développement d'un joueur de tennis. Plusieurs champions ou championnes ont été entraînés par leur père, comme les sœurs Serena et Venus Williams, ou leur mère, comme Martina Hingis. La « légende » du tennis est ainsi pleine de récits émouvants, mais aussi d'histoires moins glorieuses, les rôles de parent et d'entraîneur ne se conjuguant pas toujours sans heurts.

Severine Tamborero, qui est aussi auteure et conférencière, insiste sur l'importance d'une bonne collaboration avec les entraîneurs : « C'est grave quand les parents sont impliqués de la mauvaise façon, mais ce l'est aussi s'ils ne sont pas impliqués, dit-elle. J'entends régulièrement des entraîneurs se plaindre des parents, mais nous devons les aider à s'améliorer, leur donner les outils nécessaires pour qu'ils puissent s'impliquer positivement. »

Madame Tamborero dénonce particulièrement l'importance accordée aux résultats, rappelant qu'il y a autant à apprendre d'une défaite que d'une victoire. « Certains parents cherchent toujours des excuses à leurs enfants quand ils perdent, ce qui ne leur rend évidemment aucun service. Devenir un professionnel dans le sport est un long processus, fait de succès et d'échecs. C'est important de préserver une notion de plaisir. »

Il y a quelques années, j'ai rencontré Andre Agassi et Steffi Graf, deux des plus grands champions de tous les temps, dans un événement promotionnel à New York. Ils forment aujourd'hui un couple équilibré et serein, mais ils ont chacun éprouvé bien des ennuis avant de se rencontrer. Tous deux ont été initiés au tennis par des pères tyranniques, Emmanuel Agassi et Peter Graf, qui ont gâché plusieurs années de leurs carrières.

Dans sa biographie intitulée *Open*, Agassi avoue avoir longtemps détesté le tennis en raison des méthodes de son père. Ce dernier avait, par exemple, fabriqué une machine qui propulsait des balles à plus de 150 km/h vers son fils qui n'avait alors que sept ans ! Et il aimait parier sur les matchs de son fils – la famille vivait à Las Vegas… –, ce qui soumettait évidemment Andre à une pression terrible. Quand, à 12 ans, il échappe enfin à son père, c'est pour entrer à l'Académie de Nick Bollettieri, un ancien militaire, qui sera aussi très dur avec lui.

Graf, elle, est initiée au tennis par son père dès l'âge de trois ans. Très exigeant, n'hésitant pas à punir sa fille et même à la battre quand elle ne jouait pas suffisamment bien, Peter Graf était surtout motivé par l'appât du gain. Il pousse Steffi à devenir professionnelle dès l'âge de 13 ans, contrôle toutes ses activités et l'empêche d'avoir des amies sur le circuit. Il gère aussi très mal les revenus de sa fille. En 1997, il est condamné à une peine de prison de 45 mois pour avoir omis de payer des impôts de plus de 7 millions de dollars et ce n'est que quelques mois avant son décès, en 2013, que Steffi reprendra contact avec lui.

Graf et Agassi, qui ont deux enfants (Jaden et Jaz), étaient revenus sur ces périodes difficiles de leur vie en point de presse à New York et ils avaient convenu d'une chose : « Nos pères ont sûrement contribué dans une grande part à faire de nous des champions, mais nous ne pousserons jamais nos enfants comme ils l'ont fait, avait dit Agassi. Je ne sais pas ce que nous aurions fait, Steffi et moi, si nous ne nous étions pas trouvés ! »

« Nous découvrons aujourd'hui ce que c'est d'être parent, avait ajouté Graf. C'est un rôle difficile et j'ai vu plusieurs relations parent-enfant différentes sur le circuit pendant ma carrière, certaines bonnes, d'autres moins. Je pense que tous les parents souhaitent ce qu'il y a de mieux pour leurs enfants, mais c'est important de les laisser décider ce qu'ils veulent vraiment faire. »

AU CENTRE NATIONAL D'ENTRAÎNEMENT

L'IMPLICATION DES PARENTS DES JEUNES JOUEURS D'ÉLITE qui veulent percer sur la scène professionnelle du tennis n'est pas chose facile. La pression est très forte sur eux. Avant même qu'un athlète puisse toucher son premier chèque, des parents auront investi des centaines de milliers de dollars et un nombre incalculable d'heures pour l'accompagner dans son développement.

En 2008, après plus de deux années passées en Floride à l'Académie de Nick Saviano, Eugenie et ses parents sont approchés par des dirigeants de Tennis Canada qui souhaitent la voir intégrer la structure du Centre national d'entraînement (CNE). Ce centre, financé en grande partie grâce aux revenus de la Coupe Rogers, est le « bébé » de Louis Borfiga, un entraîneur français de grande réputation que Tennis Canada a réussi à attirer sous le nez de la Fédération française de tennis.

Installé depuis septembre 2007 au stade Uniprix de Montréal, le Centre national s'inspire d'un centre semblable – le stade

Roland-Garros à Paris – où ont été formés la plupart des champions français depuis une vingtaine d'années. On y offre un encadrement complet pour les athlètes sélectionnés au sein de l'équipe nationale avec plusieurs entraîneurs nationaux – supervisés par Sylvain Bruneau (filles) et Guillaume Marx (garçons) –, un préparateur physique, une équipe médicale, un professeur et consultant scolaire et tous les experts de Tennis Canada.

On prend aussi en charge la presque totalité des dépenses des athlètes, les parents devant simplement verser une contribution annuelle de 5 000 $. Après tous les défis que la formation d'Eugenie a impliqués, le déménagement onéreux en Floride en particulier, la perspective d'un retour à Montréal et d'un soutien financier est évidemment accueillie avec soulagement par toute la famille. Pas question toutefois de sacrifier quoi que ce soit en ce qui concerne l'encadrement offert à Eugenie.

« C'est moi qui ai discuté avec eux de la venue de leur fille au Centre, explique Sylvain Bruneau. Julie et Michel connaissaient bien le tennis et ils savaient que nous faisions déjà du très bon travail avec les jeunes, mais ils craignaient qu'Eugenie soit un peu freinée par l'obligation d'intégrer un groupe, que nous nous servions d'elle comme une locomotive qui entraînerait toutes les autres derrière elle.

« Je les ai rassurés en expliquant que le CNE permettait et permet encore surtout de mettre en commun les services complémentaires offerts aux athlètes, sur le plan de l'éducation par exemple, alors que l'encadrement technique reste très individuel. Je leur ai aussi promis qu'Eugenie aurait un entraîneur individuel, car elle avait déjà obtenu des succès en tournoi et qu'elle était en avance sur les autres. Nous avions convenu d'un arrangement semblable, quelques années auparavant, avec Milos Raonic et ses parents.»

En 2009, Eugenie côtoie les sœurs Élisabeth et Françoise Abanda, Marianne Jodoin et l'Ontarienne Élianne Douglas-Miron. Chez les garçons, un certain Filip Peliwo, de Vancouver, débarque aussi à Montréal. Quand il présente les «pensionnaires» cette année-là, Louis Borfiga rappelle: «Tout le monde nous envie ce centre d'entraînement et notre équipe d'entraîneurs. Ce programme est essentiel pour assurer le développement et le succès de notre élite. Déjà, nous avons obtenu de bons résultats et les responsables des autres pays s'intéressent à ce que nous faisons. Les athlètes que nous avons choisis ont beaucoup de potentiel et ils ont évolué au plus haut niveau au Canada et à l'étranger. Nous avons très hâte de travailler avec chacun d'eux non seulement pour en faire des athlètes de pointe, mais aussi pour leur offrir les ressources et les installations nécessaires pour qu'ils puissent poursuivre leurs études et se tailler une place dans notre société.»

Louis Borfiga a longtemps contribué au formidable développement du tennis français et il est directement lié à l'éclosion de la génération actuelle de joueurs de haut niveau, Jo-Wilfried Tsonga, Gilles Simon et Gaël Monfils, par exemple. Humble mais exigeant, le technicien français s'est vite imposé par sa compétence, sa rigueur et son éthique de travail. Avec lui, les jeunes athlètes n'ont visiblement pas le droit de traîner les pieds.

«Pour un jeune, il y a deux façons de réagir à son entrée dans un tel centre d'excellence, explique Borfiga. Soit il considère qu'il est enfin arrivé au sommet, soit il voit cela comme un premier pas vers l'atteinte de ses vrais objectifs. Ce sont évidemment ceux qui réagissent de la deuxième façon qui ont les meilleures chances de réussir. Il n'y a d'ailleurs pas de secret en tennis, ajoute Borfiga : il faut s'entraîner et jouer des matchs, tous les jours, sans relâche. C'est toujours le travail qui paie...»

C'est justement lors de cette présentation de la cuvée 2009 du Centre national que nous rencontrons Eugenie et sa mère pour la première fois. L'athlète de 15 ans s'exprime encore avec un gros accent anglais, mais elle est déjà sûre d'elle. Eugenie explique : «Faire partie du CNE est un gros avantage, mais c'est aussi très exigeant. Nous avons la chance d'avoir un encadrement scolaire sur place pour poursuivre nos études et les horaires sont chargés. On s'entraîne beaucoup et le programme de compétitions est très complet.»

Un peu en retrait, Julie Leclair apprécie l'aplomb de sa fille : «Les jeunes vivent déjà comme des professionnelles, dit-elle. Notre fille a été à l'étranger pendant au moins la moitié de la dernière année et ça ne sera pas différent cette année. En fait, nous n'avons pratiquement plus été à la maison depuis que nous sommes partis pour la Floride, les quatre enfants et moi, quand Eugenie avait 12 ans. Cela n'a évidemment pas été facile pour toute la famille, avec les allers et retours, les études à coordonner. Ce sont des sacrifices énormes pour toute la famille et peut-être encore plus pour les autres enfants, avoue la mère d'Eugenie. Depuis plusieurs années, tout notre horaire, toutes nos vacances sont organisés autour de ses compétitions.»

Quelques années plus tard, quand nous lui demandons de mettre en perspective l'importance de cette entrée au Centre national d'entraînement, Eugenie résume : «Je crois que le CNE nous apporte un bon encadrement, mais le plus important est le financement qu'il nous procure afin que nous puissions voyager et disputer tous ces tournois partout dans le monde. Avec nos hivers, nous n'avons guère le choix, mais ce serait impossible de voyager toute l'année comme nous le faisons si nous n'avions pas le soutien financier de Tennis Canada. Ultimement, c'est ce qui nous permet d'avoir une chance véritable de gagner ces tournois un jour, même les plus gros ! »

Le retour au Québec permet aussi à Eugenie de poursuivre ses études plus simplement qu'elle le faisait en Floride. Avant son départ, la jeune fille avait obtenu de bons résultats à The Study, particulièrement en mathématiques et en science. Par la suite, elle avait entrepris ses études secondaires par correspondance.

Au CNE, c'est André Barette qui supervise le volet scolaire. Cet ancien professeur au Collège Laval, passionné de tennis, travaille avec les entraîneurs pour s'assurer que les jeunes pensionnaires peuvent mener de concert leurs études et leur entraînement. « La mission du Centre est de développer des talents pour la scène internationale tout en offrant aux jeunes les moyens de poursuivre et de réussir leurs études, explique-t-il. Nous avons une salle de classe, ici même au stade Uniprix, et les jeunes doivent venir y étudier tous les jours lorsqu'ils sont à Montréal. Il ne faut pas se faire d'illusions : même ici, les athlètes ne sont pas assurés de faire carrière sur les circuits professionnels et nous insistons sur l'importance d'avoir un plan B. »

André Barette est ainsi particulièrement fier du taux de réussite scolaire de ses élèves. Depuis la création du Centre national, en 2007, plus de 25 des jeunes ayant travaillé avec lui ont reçu par la suite des bourses d'études dans des universités américaines. La réputation du Centre et les succès de ses têtes d'affiche ont évidemment attiré l'attention des meilleures institutions de la National Collegiate Athletic Association (NCAA), qui recrutent les espoirs canadiens dans leurs équipes de tennis. Au cours des dernières années, Samuel Monette (Indiana), Carol Zhao (Stanford), Hugo Di Feo (Ohio State), Brayden Schnur (Caroline du Nord), Marianne Jodoin (Duke) et Kimberley-Ann Surin (la fille du médaillé olympique de sprint Bruni Surin) ne sont que quelques-uns des athlètes qui ont bénéficié de leur passage au CNE et sont allés étudier aux États-Unis.

Pour quelques joueurs exceptionnellement doués comme Eugenie Bouchard, les études sont vite reléguées au second plan. Le défi de Barette est alors de s'assurer que la jeune athlète complète sa formation de base. « Eugenie est une fille brillante qui a toujours eu de la facilité dans ses études et c'est vrai qu'elle aimait les matières comme les mathématiques et les sciences, contrairement à plusieurs autres. Elle est sûrement parmi les cinq meilleurs étudiants que nous ayons eus au Centre. Quand elle est revenue de Floride, nous avons travaillé par correspondance avec la Westmount High School et elle a complété ses études secondaires dans les délais normaux. »

Cette réussite ne s'est toutefois pas déroulée sans embûches, Eugenie progressant bien plus rapidement que prévu sur les courts. En 2011, quand nous l'avions croisée au tournoi junior de Wimbledon, elle nous avait expliqué être dans sa dernière année de secondaire. « C'est comme avoir deux emplois à temps plein, avait-elle dit. J'essaie d'avancer mes études le plus possible quand je suis à Montréal, mais ce n'est pas toujours possible. J'ai raté les examens en juin parce que je jouais dans des tournois en Europe et je devrai les reprendre en août. Normalement, je devrais étudier le soir, mais croyez-vous que j'aurai envie d'ouvrir mes livres de maths ce soir, après deux matchs à Wimbledon? »

L'année suivante, quand on lui avait demandé ce qu'elle aurait voulu étudier si une carrière dans le tennis n'avait pas été possible, elle avait réfléchi un peu avant de dire : «J'ai toujours été intéressée par les chiffres, les maths et la science. J'aurais sans doute poursuivi mes études dans ces domaines à l'université et je crois que j'aurais aimé devenir médecin. »

La structure du Centre national d'entraînement, qui réunit les meilleurs espoirs au pays, est évidemment très compétitive. Tous les jeunes veulent prouver qu'ils sont les meilleurs et chaque séance d'entraînement, chaque match peut devenir un combat de coqs.

Louis Borfiga, Sylvain Bruneau et le personnel de Tennis Canada savaient déjà qu'Eugenie était dans une classe à part quand elle est revenue à Montréal, en 2009. Une seule autre joueuse semblait en mesure de la rejoindre éventuellement: Françoise Abanda. La jeune fille avait à peine 12 ans quand elle est entrée au CNE et elle accumulait les titres dans les tournois réservés aux plus jeunes. Déjà grande et très athlétique, elle bousculait ses rivales sur les courts et n'était visiblement pas intimidée par les plus vieilles.

Curieusement, les deux joueuses ne se sont affrontées que deux fois en carrière dans des matchs officiels. Eugenie a remporté les deux duels, mais le premier, en finale des Internationaux juniors du Canada de 2011 à Repentigny, est resté dans les mémoires des amateurs québécois. Ce tournoi est le plus important de l'année pour les juniors au Canada et il attire les meilleurs espoirs du monde entier. Andy Murray, Victoria Azarenka, Jo-Wilfried Tsonga et plusieurs autres vedettes ont joué au parc Larochelle. Un titre dans ce tournoi mérite donc une place de choix dans un palmarès et Eugenie comptait bien l'inscrire au sien en 2011.

À 17 ans, déjà dans le Top 10 mondial junior, Eugenie commençait toutefois à expérimenter une nouvelle sensation sur les courts. «Je suis présentement en transition entre les rangs juniors et professionnels, m'avait-elle expliqué quelques semaines plus tôt. Je ne jouerai d'ailleurs pratiquement que des tournois professionnels avant l'Omnium des États-Unis junior. Cela dit, la pression est plus forte chez les juniors, il y a des filles plus jeunes que moi et je n'ai pas envie de perdre contre elles!»

À 14 ans, Abanda, elle, n'a rien à perdre. Après avoir déjà éliminé plusieurs excellentes joueuses, dont la favorite du tournoi, elle croit en ses chances contre Bouchard. C'est d'ailleurs elle qui prend les devants en remportant la première manche, 6-3. Eugenie réagit en dominant aisément la deuxième manche, 6-1, mais elle est incapable de poursuivre sur sa lancée et laisse Abanda prendre l'avantage dans la manche décisive. Menée 4-5, Eugenie montre son caractère en enlevant les trois derniers jeux. Le titre et le trophée sont à elle, mais cela n'a pas été facile. «J'ai connu des hauts et des bas durant ce match, dit-elle plus tard en point de presse. Heureusement, j'ai remporté les gros jeux quand il fallait vraiment que je le fasse. Je savais que Françoise était une très bonne joueuse, elle avait déjà battu la première favorite et je m'attendais à un match très ardu. Je suis vraiment heureuse d'avoir pu gagner ici, près de la maison. »

Ce titre à Repentigny permet à Bouchard de cocher une autre case dans sa grille d'objectifs. Encore une fois, elle a tenu ses promesses et a confirmé qu'elle était bien l'une des meilleures jeunes joueuses du monde.

Wimbledon allait lui offrir la saison suivante la chance de terminer sa carrière junior en beauté.

UNE HISTOIRE D'AMOUR AVEC WIMBLEDON

Avec un prénom emprunté à une princesse britannique, on se doute bien qu'Eugenie Bouchard a un intérêt particulier pour Wimbledon. De tous les tournois de tennis, c'est celui qu'elle a toujours voulu gagner.

La Grande-Bretagne est célèbre pour ses jardins et ses pelouses, et le tournoi de Wimbledon a la particularité d'être disputé sur le gazon. Les meilleurs joueurs de tennis du monde acceptent ainsi chaque année de s'habituer pour quelques semaines seulement à ces courts redoutables qui exigent une approche du jeu complètement différente. Et tous rêvent de remporter ce qui est à la fois la plus vieille et la plus importante de toutes les compétitions de tennis. Le tournoi de Roland-Garros, à Paris, est peut-être plus mondain ; l'Omnium des États-Unis, à New York, est plus imposant ; les Internationaux d'Australie, à Melbourne, sont plus exotiques ; mais aucun des quatre tournois du Grand Chelem n'est plus prestigieux que Wimbledon.

Créée en 1877 par le All England Lawn Tennis and Croquet Club (AELTC) dans la banlieue sud de Londres, la compétition est disputée sur le site actuel depuis 1922. La petite randonnée qui mène de la station de métro Southfields au club est étonnamment bucolique. Rien à voir avec la cohue du centre de Londres. Si on prend le temps de se perdre un peu dans les rues transversales, on découvre un quartier qui n'a visiblement pas beaucoup changé depuis plusieurs décennies. Pas étonnant que les traditions y soient si importantes.

Wimbledon recèle plusieurs lieux mythiques. Ses deux grands stades, bien sûr, qui abritent le Centre Court et le Court 1, mais aussi plusieurs courts annexes souvent aussi célèbres que les principaux en raison des matchs historiques qui y ont été disputés. Les vestiaires, adjacents au court central, ont beau avoir été rénovés au cours des décennies, ils n'en conservent pas moins un cachet typiquement britannique.

Le All England Lawn Tennis and Croquet Club est aussi installé dans l'enceinte du court central. De nombreux agents de sécurité — ainsi que des militaires quand des dignitaires sont présents — gardent l'entrée principale de ce club très sélect. Celui-ci est parrainé par la reine Elizabeth elle-même, et c'est son cousin, le duc de Kent, qui en est le président. Les membres de la famille royale sont d'ailleurs des habitués de la loge d'honneur pendant le tournoi — la reine y a assisté en 1957, en 1962, en 1977 et en 2010 — et tout le gratin de la société britannique se dispute les 74 sièges en osier vert foncé, l'une des deux couleurs officielles de Wimbledon avec le violet.

À l'intérieur du club, certains salons sont réservés aux anciens champions et c'est de la terrasse d'un de ces salons que les vainqueurs du tournoi saluent la foule après leur victoire. Il y a aussi un superbe musée qui résume à la fois l'histoire du tennis et celle du tournoi. Tous les grands joueurs y ont laissé des souvenirs – une raquette, un gilet, une chaussure ou même une chaussette! – et on peut revoir les matchs les plus mémorables. Et même John McEnroe (son hologramme, en fait) vient rappeler quelques faits d'armes dans une reproduction des vestiaires.

Mais, Wimbledon n'est toutefois pas endormi dans ses souvenirs, bien au contraire. Les dirigeants du All England Lawn Tennis and Croquet Club n'ont ainsi pas hésité à entreprendre d'imposants travaux de rénovation depuis quelques années. Même si les «traditionalistes» ont crié au sacrilège, un toit rétractable recouvre le court central depuis 2009 et il devrait y en avoir un sur le court numéro 1 en 2019. Très à l'étroit sur les 42 acres du site, le AELTC a même investi les sous-sols! La plus grande partie du musée est souterraine, et on a inauguré en 2014, sous les courts 14 et 18, de nouvelles sections du Centre de presse et du Centre de diffusion. Car Wimbledon est aussi le tournoi le plus suivi dans le monde avec plus d'un milliard de téléspectateurs au cours de la compétition.

On peut maintenant accueillir sur le site plus de 3 250 représentants des médias, dont 600 journalistes, et il existe entre eux une véritable hiérarchie en fonction de leur ancienneté. Les plus chanceux ont un siège réservé dans la petite section des journalistes du court central tandis que les derniers arrivés n'ont même pas de bureau pour travailler! Il faut donc savoir attendre son tour, tout comme les spectateurs d'ailleurs.

L'une des traditions les plus pittoresques de Wimbledon est la fameuse «queue». Jusqu'à 45 000 spectateurs assistent quotidiennement aux compétitions, une foule immense compte tenu de la taille du site. Pratiquement tous les sièges des deux terrains principaux sont réservés des années à l'avance, mais on en garde quelques centaines, de même que plusieurs milliers de billets d'admission générale, pour la vente quotidienne et il faut faire la queue pour espérer en acheter.

Certains jours, la file s'étend sur plus d'un kilomètre dans le parc en face du centre de tennis. De nombreux amateurs y passent la nuit et sont réveillés vers 6 h pour prendre place dans la «queue» officielle. Les premiers arrivés reçoivent les bracelets correspondant aux sièges disponibles dans les deux stades, qu'ils achèteront à l'ouverture des guichets; quelques milliers de chanceux pourront accéder au site et suivre l'action sur les 17 autres courts, la majorité devant patienter une bonne partie de la journée dans l'espoir de profiter du système de revente des billets au fur et à mesure que les spectateurs quittent l'enceinte de Wimbledon.

L'attente en vaut toutefois le coup. Une fois sur le site, les amateurs ont droit à une véritable fête du tennis. Lors des belles journées, des milliers de spectateurs prennent place sur la terrasse Aorangi – un gradin naturel aménagé à l'extrémité ouest du Court 1 – pour suivre l'action sur écran géant. On y savoure des fraises servies dans de la crème fraîche, une autre tradition de Wimbledon, et l'atmosphère tourne vite au «garden party» arrosé de champagne et autres boissons alcoolisées.

Mais revenons aux athlètes. En plus du gazon, ils doivent aussi accepter une autre concession pour jouer à Wimbledon: porter du blanc! Le code vestimentaire du tournoi est en effet très strict et n'autorise qu'une petite touche de couleur, même pour les sous-vêtements. Ce n'est certes pas là que les manufacturiers lancent leurs tenues les plus spectaculaires, mais le blanc ajoute une couche de solennité à un événement qui l'est déjà beaucoup.

C'est dans cet écrin du tennis qu'Eugenie a signé les plus beaux exploits de sa jeune carrière et cela a commencé tôt!

Eugenie Bouchard découvre Wimbledon pour la première fois en 2009, l'année de sa première participation au tournoi junior. Comme plusieurs, elle avait suivi le tournoi à la télévision et gardait un souvenir tout particulier de la victoire de Maria Sharapova en 2004.

Comme elle était aussi très proche de Laura Robson, la famille de la Britannique l'hébergeait lors de ses premières visites à Londres, ce qui constituait un gros avantage puisque plusieurs participants au tournoi junior étaient logés dans des résidences d'étudiantes à Roehampton, un quartier voisin de Wimbledon. C'est d'ailleurs là qu'elle dispute un important tournoi préparatoire sur gazon, le Championnat international junior de Roehampton, tout juste avant ses débuts à Wimbledon en 2009.

Elle y dispute cinq matchs, dont trois en double où elle atteint les quarts de finale avec la Paraguayenne Veronica Cepede-Royg. La semaine suivante, elle doit gagner deux matchs de qualifications, encore à Roehampton, avant de faire ses débuts sur les «vrais» courts de Wimbledon. À 15 ans, Eugenie affronte la Française Kristina Mladenovic au premier tour.

Jouer sur le gazon exige un apprentissage particulier surtout quand, comme Eugenie, on n'a pas accès à des courts gazonnés pour s'entraîner. La saison sur gazon est très courte – moins d'un mois – et suit immédiatement deux mois de tournois sur terre battue, une surface très différente. La transition est exigeante, surtout pour des joueurs moins expérimentés.

Même si les préposés aux courts de Wimbledon ont «ralenti» la surface au début des années 2000 en modifiant les variétés de gazon et en augmentant sa densité, le jeu demeure très rapide. Et, comme la balle a tendance à glisser sur l'herbe, les rebonds sont moins hauts et il faut prendre une position très basse pour frapper plusieurs coups. Autre différence: les échanges sont habituellement très courts – à peine quatre coups en moyenne chez les hommes – les joueurs préconisant un style offensif étant avantagés.

Il faut donc habituellement plusieurs années avant d'être vraiment à l'aise à Wimbledon. Il faut aussi prendre en compte l'usure des courts, les beaux gazons verts des débuts de tournoi devenant invariablement jaunâtres lors de la deuxième semaine, surtout sur les courts principaux, sans compter les imperfections dans la surface qui rendent les bonds plus aléatoires. Et la compétition junior est justement disputée la deuxième semaine du tournoi, après les premières rondes des «grands».

En 2009, Eugenie ne franchit pas le premier tour contre Kristina Mladenovic, tout en la poussant dans ses derniers retranchements et ne s'inclinant qu'après un long duel de 6-3, 2-6 et 7-5. La Française est alors l'une des meilleures juniors au monde et elle a remporté le tournoi de Roland-Garros quelques semaines auparavant.

Après une autre saison d'apprentissage en 2010, au cours de laquelle elle gagne un premier match en simple à Wimbledon, Eugenie revient encore mieux préparée en 2011 même si elle traîne une blessure à un mollet qui l'a empêchée de jouer à Roland-Garros. Quand nous la rencontrons, au début du tournoi, elle affiche la confiance qui vient avec son statut de cinquième favorite: «J'aime bien jouer sur gazon et je crois avoir bien fait jusqu'ici, commente-t-elle. Je n'ai plus de problème avec ma jambe, je porte encore un bandage, mais ce n'est que pour me protéger. J'aime beaucoup Wimbledon et j'espère aller loin dans le tournoi.»

Bouchard est aussi engagée en double et l'équipe qu'elle forme avec l'Américaine Grace Min est la deuxième favorite. La pluie a bousculé l'horaire du tournoi et les juniors doivent prendre les bouchées doubles en disputant souvent deux matchs chaque jour. Eugenie accumule les victoires et se retrouve bientôt en quarts de finale des deux compétitions auxquelles elle est inscrite.

«Je joue de mieux en mieux», estime-t-elle en point de presse dans l'un des petits salons où les joueurs moins connus rencontrent les journalistes. «J'ai encore été très agressive aujourd'hui et j'ai pu contrôler le rythme du match. Je me sens bien sur le gazon et je crois que je peux aller encore plus loin. C'est beaucoup de matchs et je serai sûrement fatiguée au cours des prochains jours, mais ce sera le cas pour toutes les filles. Et je n'ai pas joué beaucoup récemment en raison de ma blessure à un mollet. En fait, je préfère jouer souvent de façon à développer mes réflexes sur le gazon. Et c'est plus amusant de jouer que de s'entraîner!»

Le lendemain, elle perd en simple devant la puissante Russe Irina Khromacheva, mais continue sa route en double avec Grace Min. «Je n'ai pas joué aussi bien que lors des premiers tours, reconnaît-elle quand on lui demande ce qui lui a manqué. Mes services n'étaient pas efficaces et je n'attaquais pas de la même façon. C'est dommage parce que je sais que je peux battre cette fille-là... Je suis évidemment un peu plus déçue que contente, le simple est quand même plus important. Mais nous avons encore eu beaucoup de plaisir ensemble, Grace et moi, et nous nous retrouvons en demi-finale à Wimbledon!»

Après deux victoires aisées de 6-1 et 6-3 sur les Allemandes Katherine Lehnert et Stephanie Wagner, puis contre la Brésilienne Beatriz Haddad Maia et la Russe Mayya Katsitadze, Bouchard et Min figurent au programme de la dernière journée du tournoi, le dimanche 3 juillet, et elles affrontent Demi Schuurs, des Pays-Bas, et Hao Chen Tang, de Chine. À 17 ans, Bouchard est la première Québécoise à jouer en finale de Wimbledon depuis 1990, lorsque Sébastien Lareau et Sébastien LeBlanc avaient remporté le titre en double chez les garçons. L'Ontarienne Sharon Fichman avait été la dernière joueuse canadienne à gagner un titre majeur chez les juniors en enlevant les doubles des tournois d'Australie et de Roland-Garros, en 2006, avec la Russe Anastasia Pavlyuchenkova.

La finale est disputée sur le Court 18, celui-là même où avait été joué le fameux match marathon entre l'Américain John Isner et le Français Nicolas Mahut, en 2010. Les deux joueurs s'étaient affrontés durant plus de 11 heures sur trois jours avant qu'Isner enlève – 70-68 – une manche décisive de 8 heures et 11 minutes! Une plaque rappelle l'événement et Eugenie la remarque, ce jour-là, en arrivant sur le court.

Plus tendues que lors des premiers tours, Bouchard et Min doivent se battre mais elles n'abandonnent jamais, et leur bonne humeur les sert bien, en fin de match, quand leurs rivales s'écroulent sous la pression. Elles s'imposent finalement 5-7, 6-2 et 7-5 et tombent dans les bras l'une de l'autre dans un grand éclat de rire!

«Ce fut notre match le plus difficile, reconnaît Eugenie. Elles ont eu deux balles de match sur leur service, et je ne sais pas encore comment on a fait pour gagner. Mais je suis vraiment très heureuse. Ça complète très bien une belle semaine à Wimbledon même si j'aurais aimé faire mieux en simple. Gagner un titre ici, c'est important, et ça confirme tous mes progrès cette saison. »

Championne à Wimbledon, c'est déjà une petite partie du rêve qui se réalise, et Eugenie goûte visiblement aux privilèges associés à son titre. « Les photographes nous ont demandé d'embrasser la coupe et nous n'arrêtions pas de rire », rappelle-t-elle au moment où Grace Min vient la rejoindre après avoir répondu aux journalistes américains. Ensemble, elles doivent préparer une autre « formalité » : « Nous sommes invitées au Bal des champions ce soir et c'est sûrement ce qui m'emballe le plus dans ma victoire », raconte l'adolescente, visiblement très excitée. « Nous allons aller choisir nos robes, puis nous aurons droit à une séance de coiffure et de maquillage. Je ne sais pas à quoi m'attendre, mais ce sera sûrement spécial de retrouver tous les champions et les anciens que nous avons côtoyés cette semaine. »

En 2012, quand elle revient à Wimbledon, Eugenie n'est plus cette jeune fille qui découvrait le gazon anglais quelques années auparavant. À 18 ans, elle a déjà bien amorcé sa carrière professionnelle et a décidé, avec ses entraîneurs, de disputer une dernière fois les quatre tournois du Grand Chelem chez les juniors dans l'espoir de remporter ce qui serait un premier titre en simple dans l'histoire du tennis canadien. Demi-finaliste en Australie, battue au deuxième tour à Roland-Garros, la jeune femme sait que c'est à Wimbledon qu'elle a les meilleures chances d'atteindre son objectif.

Pour bien se préparer, elle s'est inscrite au tournoi de Roehampton afin de retrouver ses repères sur le gazon. Eugenie ne lésine pas et elle enlève les deux titres. En simple, elle dispose de sa compatriote Carol Zhao en finale en plus de remporter le double avec l'Américaine Taylor Townsend. Quand elle se pointe à Wimbledon, elle est deuxième au classement mondial junior et l'une des grandes favorites du tournoi.

«Je suis maintenant l'une des plus âgées, l'une des favorites, et cela m'impose une pression supplémentaire, avoue-t-elle en entrevue avant le tournoi. J'affronte des filles plus jeunes que moi et je n'ai évidemment aucune envie de perdre. Chez les pros, je suis toujours la négligée, mais chez les juniors, c'est moi que toutes les autres joueuses veulent battre. C'est bien plus difficile que les gens peuvent penser, mais c'est le genre de pression que je dois apprendre à maîtriser. Cela va m'aider dans la poursuite de ma carrière, car j'espère me retrouver dans cette même position, un jour, chez les professionnelles.»

Dominante dès son premier match, Eugenie effectue un parcours sans faute tant en simple qu'en double. Elle ne cède qu'une seule manche en 11 matchs, lors de son match quart de finale en simple contre l'Allemande Antonia Lottner. Un peu lente en début de rencontre, elle échappe la première manche 4-6, avant d'écraser sa rivale 6-0 et 6-2.

La finale est disputée sur le court numéro 1 – le deuxième en importance avec une capacité de 11 400 spectateurs – et Eugenie affronte l'Ukrainienne Elina Svitolina qui, comme elle, est l'un des meilleurs espoirs du tennis féminin. Déjà à l'aise sur les «grandes scènes», elle écarte sa rivale sans difficulté en deux manches de 6-2 et 6-2. «J'étais un peu nerveuse, mais une fois sur le terrain, j'étais calme et bien concentrée. Je me suis appliquée à respecter mon plan de match en restant bien concentrée jusqu'au bout. C'est impressionnant de jouer devant une telle foule et très amusant aussi. Cela m'a motivée à bien faire. »

Le lendemain, elle double la mise. Toujours avec l'Américaine Taylor Townsend, elle remporte la finale du double, 6-4 et 6-3, contre la Suissesse Belinda Bencic et la Croate Ana Konjuh. Eugenie devient ainsi l'une des rares championnes à réussir le doublé chez les juniors à Wimbledon, mais elle est aussi la première Canadienne championne en simple dans un tournoi du Grand Chelem. Elle vient de jouer – et de gagner ! – 22 matchs de tennis en deux semaines.

« Le tournoi a été très exigeant avec deux matchs chaque jour, parfois même trois, mais je suis vraiment fière de le terminer de cette façon, confie-t-elle. Gagner ces titres ici va me donner encore plus de confiance pour continuer ma transition vers les professionnelles. »

Plusieurs championnes de Wimbledon, Tracy Austin et Martina Hingis entre autres, ont remporté le petit trophée du tournoi junior avant de recevoir le Venus Rosewater Dish, le grand plateau en argent qu'on remet à la gagnante de la finale féminine. Eugenie en était déjà bien consciente : « Ces championnes sont mes modèles, dit-elle après ses exploits. Mon premier souvenir de Wimbledon est d'avoir vu gagner Maria Sharapova en 2004. Agnieska Radwanska, la finaliste de cette année, a été championne junior en 2005. Je rêve de les imiter, bien sûr. Je suis contente de mon trophée, mais je veux remporter le gros, celui de la vraie finale, plus tard dans ma carrière ! »

Les exploits d'Eugenie couronnaient cette année-là une semaine de rêve pour le tennis canadien à Wimbledon. On avait bien failli avoir droit à une finale féminine entièrement québécoise puisque l'étonnante Françoise Abanda, qui n'avait alors que 15 ans, ne s'était inclinée qu'en trois longues manches contre Svitolina en demi-finale.

Chez les garçons, l'Ontarien Filip Peliwo – un autre joueur du Centre national d'entraînement à Montréal – avait aussi enlevé le titre en simple junior après deux finales malheureuses en Australie et à Roland-Garros. «Je ne dirais pas que j'étais jaloux d'Eugenie, mais c'est certain que sa victoire m'a motivé à jouer encore mieux, à être encore plus affamé, parce que je voulais vivre les mêmes émotions et les offrir au Canada», expliquait le jeune homme, dans un excellent français, quelques jours plus tard. «Je savais aussi que ce serait tout un exploit si nous étions tous les deux champions de notre catégorie.»

AU BAL AVEC ROGER FEDERER

Comme le veut la tradition, les titres d'Eugenie et de Filip Peliwo leur valent une invitation pour le Bal des champions de Wimbledon, le dimanche soir au terme du tournoi. «C'est la plus belle partie de Wimbledon! J'y étais allée en 2011 après ma victoire en double, mais c'était encore plus excitant cette année, car j'ai pu parler à Roger [Federer], j'ai pu discuter cinq minutes avec lui», raconte Eugenie, encore sur un nuage, quelques jours plus tard.

Le champion suisse avait remporté son septième titre à Wimbledon – son 17e titre en Grand Chelem – plus tôt dans la journée et, fidèle à sa réputation, il s'était montré d'une grande gentillesse avec les jeunes champions canadiens. «Filip et moi avons pu être photographiés avec lui, a dit Eugenie. Quand il s'est approché, nous croyions qu'il poserait pour la photo et repartirait, mais il a plutôt commencé à discuter avec nous, nous félicitant pour nos victoires et nous demandant nos projets. Quand je lui ai dit que je jouais déjà chez les professionnelles et que j'étais 300e au classement, il m'a dit: *Quand j'ai gagné le titre junior ici, j'étais aussi 300e au monde. Dans ma tête, je me suis dit que c'était un signe!*»

▶

Eugenie Bouchard, Roger Federer et Filip Peliwo
Photo : Tennis Canada

Bouchard a aussi profité de l'occasion pour parler à Federer de ses deux filles, des jumelles comme elle et sa sœur Beatrice. «Je lui ai dit que je les trouvais adorables, qu'elles étaient mignonnes dans leurs tenues identiques. Il m'a dit : *Si nous ne les habillons pas de la même façon, elles se battent !* Ça m'a rappelé des choses, et nous avons passé un bon moment. Roger est vraiment charmant. Serena est partie tout de suite après la cérémonie sur le podium, mais Roger est demeuré dans la salle et il a posé avec tous les gens qui le lui demandaient.»*

* Serena Williams a été la championne
  du tournoi féminin cette année-là.

GÉRER LA TRANSITION CHEZ LES PROFESSIONNELLES

Dès le retour d'Eugenie à Montréal, les responsables de Tennis Canada avaient établi un plan pour sa carrière, en accord avec ses parents.

Les joueurs juniors peuvent disputer un certain nombre de tournois professionnels chaque année et Eugenie n'avait que 14 ans, en 2008, quand elle a fait ses débuts dans des tournois secondaires. Elle avait perdu les deux fois au premier tour, mais avait touché son premier chèque - 98 $ US - à Sumter, aux États-Unis, et mérité ses premiers points - deux - à Waterloo, en Ontario. Avant d'accéder au circuit de la Women Tennis Association (WTA), les joueuses doivent faire leurs classes dans les tournois professionnels féminins de la Fédération internationale de tennis. Ceux-ci sont classés selon leurs bourses totales de 10 000 $ à 125 000 $, les plus payants étant habituellement réservés aux joueuses les mieux classées. Pour simplifier les choses, on utilise dans le « langage du tennis » l'abréviation K (pour milliers en anglais). À ses débuts chez les pros, Eugenie a ainsi surtout joué dans des tournois 10K ou 25K.

En juillet, elle avait reçu un laissez-passer pour les qualifications de la Coupe Rogers, au stade Uniprix, sa première participation à un tournoi de catégorie «première» de la WTA. Elle offre une belle opposition à Abigail Spears, la 175e mondiale, qui a pratiquement le double de son âge! Battue 6-3 et 6-4, elle donne sa première conférence de presse et affiche déjà ses ambitions: «Je veux devenir professionnelle, répond-elle. Je veux gagner des Grands Chelems, je veux être numéro un au monde si je peux.»

Ce n'était évidemment que le début d'un long processus mené parallèlement à sa carrière dans les rangs juniors, mais Eugenie allait vite gravir les échelons.

L'été suivant, en mai 2009, elle remportait son premier match officiel chez les professionnelles, une victoire de 6-4, 7-6(9) contre l'Italienne Federica Grazioso, alors 798e mondiale. Encore un an et elle entrait dans le Top 1 000, avec des qualifications en quarts de finale à Osprey et en demi-finales à Waterloo.

C'est en 2011 que survient le « déclic». Après avoir atteint les demi-finales des Internationaux d'Australie chez les juniors, elle remporte son premier titre professionnel à Burnie dans un tournoi 25K. Sa bourse de 2 940 $ est modeste, mais ses 51 points lui permettent de bondir du 549e au 392e rang du classement féminin. Un autre titre, en Croatie dans un tournoi 10K, lui permet d'obtenir une invitation au tournoi de Washington sur le circuit WTA. C'est là qu'elle remporte sa première victoire significative, 6-3 et 6-2 contre l'Américaine Alison Riske

(114e), avant de perdre au deuxième tour contre l'éventuelle championne du tournoi, la Russe Nadia Petrova.

En fin de saison, Eugenie est tout près du Top 300. Les règles de la Fédération internationale limitent le nombre de compétitions professionnelles auxquelles les jeunes joueurs et joueuses peuvent prendre part, et les dirigeants de Tennis Canada se sont toujours montrés prudents avec leurs meilleurs espoirs.

« C'est important de ne pas brûler les étapes, insiste le directeur du Centre national d'entraînement Louis Borfiga. Il faut respecter l'âge des athlètes, les laisser travailler afin qu'ils développent bien leur jeu. Mais il ne faut pas non plus les freiner. Ce qu'elle fait cette saison est très bien. Elle joue avec confiance et impose son style de jeu, quelle que soit l'adversaire. Cela dit, ce n'est qu'une étape dans son développement. Elle devra utiliser ce bon résultat comme source de motivation, mais rester humble et ne pas oublier tout le chemin qu'elle aura encore à parcourir.

« Tout le monde ici sait qu'elle a du talent et qu'elle travaille sans relâche pour progresser, mais elle approche lentement d'une période importante de sa carrière, quand elle devra bientôt faire la transition entre les rangs juniors et le circuit professionnel. Ce passage est toujours critique, car le joueur doit s'adapter à plusieurs choses en même temps. Nous avons la chance au Canada de pouvoir offrir à nos meilleurs espoirs la possibilité de jouer à l'étranger, de voyager et de découvrir lentement la carrière qui attend certains d'entre eux. Nous pouvons aussi leur offrir la possibilité de disputer des tournois professionnels pendant qu'ils sont encore juniors grâce aux laissez-passer dont nous disposons. Eugenie en a bénéficié, comme d'autres, et c'est satisfaisant de voir qu'elle en a tiré profit. Mais n'allez pas imaginer qu'elle sera bientôt avec les grandes à Roland-Garros ou à Wimbledon. Je le répète : elle a encore un bon bout de chemin à parcourir. »

Bouchard allait bientôt faire mentir Borfiga, mais on n'y était pas encore !

À la fin de 2011, il faut consolider l'encadrement technique d'Eugenie. Depuis son arrivée au CNE, on s'était toujours assuré de lui offrir le meilleur personnel disponible. Et ils avaient été nombreux à se succéder à ses côtés. En plus des entraîneurs attitrés du Centre – Roberto Brogin, Ralph Platz et Simon Larose –, elle avait travaillé en 2011 avec Martin Simmer, Matt Baccarini et Christian Kordazs.

Pour la saison 2012, au moment où la carrière de leur meilleur espoir est visiblement sur le point de faire un bond significatif, Borfiga, Sylvain Bruneau et les parents d'Eugenie décident de la confier à Nathalie Tauziat. Comme la Française n'est pas disponible à temps plein – elle dirige un club de tennis dans son pays –, elle sera assistée de l'entraîneur Yves Boulais, le conjoint de l'ancienne numéro un canadienne Patricia Hy-Boulais.

Déjà, la saison précédente à Wimbledon, Tauziat avait « supervisé » Bouchard en route vers le titre du tournoi junior en double avec l'Américaine Grace Min. Le courant avait visiblement bien passé entre elles comme j'avais pu le constater, un matin, en les observant sur un court annexe. « Nous nous sommes entraînées ensemble et elle m'a donné une foule de conseils qui m'ont beaucoup aidée, avait alors confié Eugenie. Elle a déjà été finaliste à Wimbledon en 1998, elle a beaucoup d'expérience et... c'est une femme. J'espère que nous pourrons poursuivre cette collaboration à l'avenir. »

La Française, troisième joueuse mondiale en 2000 – la seule, avec Martina Navratilova et Chris Evert, à avoir toujours été dans le Top 50 mondial pendant près de 15 ans –, avait été impressionnée par le potentiel de sa future «protégée». «Elle a ce qu'il faut pour faire une belle carrière, c'est certain», avait-elle dit quand nous l'avions abordée après une autre victoire d'Eugenie. «Il faut toutefois faire attention et ne pas croire qu'elle va passer sans problème des tournois juniors au gros circuit professionnel. Le calibre sera très différent et elle devra s'adapter. Elle est toutefois très sérieuse et très rigoureuse dans sa préparation et je crois qu'elle va continuer de nous étonner si on lui laisse le temps de faire ses classes.»

«Faire ses classes» à bientôt 18 ans, cela veut dire jouer souvent. Comme Bouchard a décidé de participer une dernière fois aux tournois juniors en Grand Chelem, son calendrier des compétitions est particulièrement chargé en 2012. La saison s'annonce spectaculaire. Eugenie avait écrit une page d'histoire en remportant les deux titres juniors à Wimbledon, mais elle va aussi briller dans les tournois professionnels. Ce sont pas moins de quatre titres qu'elle rafle dans des tournois challengers de la Fédération internationale de tennis (ITF).

Après les Internationaux juniors d'Australie, Bouchard s'astreint à un véritable parcours du combattant : six tournois en sept semaines dans des petites villes du sud des États-Unis. Rien de très *glamour*, mais elle récolte un peu d'argent et quelques points tout en gagnant sept matchs sur 13. Elle part ensuite en Europe et se retrouve à Bastad, en Suède, pour deux petits tournois où elle fait partie des favorites. Après avoir enlevé le titre la première semaine, elle ne cède que 17 jeux en six matchs dans le deuxième tournoi et soulève encore le trophée de la championne.

Quelques semaines plus tard, de retour au Québec après ses exploits à Wimbledon chez les juniors, Eugenie est à Granby pour un tournoi 25K où elle retrouve une bonne partie des meilleures joueuses canadiennes. En début de tournoi, elle surprend la Torontoise Sharon Fichman, alors 195e mondiale, avant d'écarter son ancienne partenaire du CNE Françoise Abanda. La voilà en quart de finale où elle doit affronter l'Américaine Alison Riske, la deuxième favorite, qu'elle avait déjà battue la saison précédente à Washington.

Moins solide que lors des tours précédents, embêtée par le style de sa rivale, Eugenie dispute un match en dents de scie, mais finit par arracher la victoire, 6-3, 5-7 et 6-2 : « Ce soir, j'ai appris une bonne leçon : rien n'est jamais fini au tennis ! Alison est une excellente joueuse et nos styles se ressemblent beaucoup. Il y a eu beaucoup de revirements, mais je crois avoir bien joué quand c'était le temps et je suis contente de ma victoire. »

Après une victoire de 6-4 et 6-2 en demi-finale contre la Française Julie Coin, Bouchard se retrouve en finale contre la Lavalloise Stéphanie Dubois. À 26 ans, celle-ci est alors, avec Aleksandra Wozniak, la tête d'affiche du tennis québécois. Elle a atteint le 87e rang mondial au début de l'année et vient d'être sélectionnée pour représenter le Canada aux Jeux olympiques de Londres, quelques jours après le tournoi de Granby.

Pendant la semaine, les deux joueuses ont évidemment reçu un bel appui du public. Dubois est la championne en titre du tournoi et le public apprécie sa détermination. Bouchard est toutefois la nouvelle coqueluche du tennis canadien et les organisateurs n'hésitent pas à évoquer la «Eugeniemania» dans la promotion de la finale. Dans les gradins, le public est donc partagé.

La finale prendra toutefois rapidement une tournure inattendue. Menée 2-1 en début de match, Dubois ressent une douleur au pied droit et demande à voir la soigneuse. De retour sur le court, elle peine à se déplacer. Sentant la victoire à sa portée, Bouchard se crispe un peu, gâche plusieurs balles de jeu, mais finit pas enlever la première manche 6-2. Le scénario se répète en deuxième manche avec deux bris de service rapides d'Eugenie. Elle mène 5-2 et se retrouve à un jeu de la victoire lorsque Dubois choisit d'abandonner la rencontre.

«Quand j'ai changé de souliers, j'ai senti quelque chose d'anormal dans mon pied, explique Dubois, le pied dans un sac de glace. Je ne me déplaçais pas bien et ça ne s'améliorait pas.» Très déçue, la finaliste rappelle qu'elle a souvent été blessée dans le passé et que cela lui a coûté cher: «Abandonner, c'est plate, mais avec les Jeux olympiques et la Coupe Rogers qui s'en viennent, je ne pouvais pas courir de risques. L'an dernier, j'ai joué quelques matchs avec un pied en mauvais état et j'ai fini par rater quatre mois d'activités. Je me suis dit: *Steph, sois intelligente, Eugenie joue bien et tu as de la misère à te déplacer.* Je pars pour Londres demain. Partir pour les Jeux en étant blessée, ce n'est pas le scénario idéal...»

Bouchard est surprise de l'issue du match: «Honnêtement, ce n'est pas de cette façon que j'espérais que ça se termine, avoue-t-elle devant les journalistes. J'espère que sa blessure n'est pas grave et qu'elle représentera bien notre pays aux Jeux olympiques. Je suis quand même très contente. J'ai bien joué dans la finale tout comme j'ai bien joué dans tout le tournoi et je suis fière de moi. Il faisait très chaud aujourd'hui et j'avoue que c'était aussi une bataille contre moi-même. C'était très difficile à certains moments et je n'aurais pas voulu jouer une troisième manche dans ces conditions. »

Quand on souligne à la jeune femme qu'elle vient d'enlever son titre le plus important chez les professionnelles, elle répond en souriant : « Ça va bien, je ne peux pas dire le contraire. Mais il faut que ça continue ! »

Un peu à l'écart, l'entraîneur Yves Boulais apprécie l'aplomb de sa joueuse. « Il y avait beaucoup de pression sur elle cette semaine et elle s'en est très bien tirée. Les attentes étaient élevées, tout le monde voulait la voir, mais elle a réussi à garder sa concentration et à offrir du tennis de haut niveau. Mais ça ne me surprend pas. Eugenie adore tellement son sport. Ses objectifs sont clairs, et elle prend les moyens pour y parvenir. Pour un entraîneur, c'est facile de travailler avec elle, elle veut tellement apprendre. Et avec un tel talent, tout est possible à condition toutefois de rester en santé et d'y aller une étape à la fois. »

Bouchard poursuit sa progression la semaine suivante au tournoi de Washington, où elle enlève une première victoire contre une joueuse du Top 100 – la Biélorusse Olga Gavortsova, alors 89e – en route vers les quarts de finale.

Quelques jours plus tard, elle est à Montréal pour la Coupe Rogers. Les organisateurs lui ont accordé un de leurs laissez-passer pour le tableau principal, et elle affronte au premier tour l'Israélienne Shahar Peer, 56e joueuse mondiale, qui a été 11e au classement de l'année précédente et qui est réputée pour être une redoutable battante. Avec les forfaits des favorites Serena Williams et Maria Sharapova, les organisateurs ont programmé le match d'Eugenie en soirée, le mercredi, sur le court central du stade Uniprix. Elle ne va pas rater son entrée!

La joueuse de 18 ans va en effet conquérir le public montréalais grâce à une spectaculaire victoire de 3-6, 6-2 et 7-5. «La foule a été incroyable, commente Eugenie après le match. Parfois, ça faisait mal aux oreilles! Je n'avais jamais eu un tel soutien et cela m'a vraiment aidée. Même en troisième manche, après avoir brisé mon service, j'étais pleine d'énergie.»

Peer croyait pourtant s'être sortie du «piège» en prenant un avantage de 4-3 en troisième manche sur son service, mais Bouchard ne s'est pas laissé impressionner et c'est elle qui a repris l'ascendant. Confrontée à deux balles de bris à 5-5, elle a réussi quatre services gagnants d'affilée, provoquant évidemment la frénésie dans la foule. Quand elle a scellé sa victoire en brisant le service de sa rivale, elle a eu droit à une autre ovation monstre. «C'est sûrement ma plus belle victoire jusqu'ici, contre la fille la mieux classée que j'ai jamais battue. Je suis fière de la façon dont j'ai joué, en restant agressive jusqu'à la fin même si c'était serré. Cela va me donner beaucoup de confiance pour la suite du tournoi et de ma carrière.»

Le lendemain, la pluie bouscule l'horaire et c'est avec trois heures de retard que s'amorce le match entre Eugenie et la Chinoise Li Na, 11e joueuse mondiale et 9e favorite du tournoi. L'ambiance n'est pas aussi électrique que la veille et Li ne laisse que peu d'ouvertures à sa rivale. Battue 6-4 et 6-4, Eugenie n'a pas à être déçue. Ses performances à Montréal vont lui permettre d'accéder au Top 200 et sa saison n'est pas terminée.

Elle enchaîne avec d'autres excellentes performances, atteignant la finale au Challenger 50K de Saguenay juste avant d'ajouter un autre titre au Challenger 50K de Toronto. Après avoir éliminé la première favorite Maria Sanchez (149e) en demi-finale, elle écrase dans le match décisif la Torontoise Sharon Fichman, 6-1 et 6-2.

Au terme de la saison 2012, le bilan est éloquent : quatre titres, 46 victoires et 16 défaites chez les professionnelles, avec des gains de 56 300 $. Si on y ajoute les matchs joués en double – où elle remporte aussi un titre – et ceux des tournois juniors, ce sont pas moins de 127 matchs qu'Eugenie a disputés durant l'année. Cela lui a permis de passer du 302e au 144e rang mondial.

Quand nous la croisons au stade Uniprix pendant la pause hivernale, Nathalie Tauziat y va de prédictions audacieuses : « Eugenie a d'énormes possibilités, elle est comme un diamant brut. Cette saison, nous nous étions fixé des objectifs et elle les a tous atteints. Elle a tout pour devenir une joueuse complète, gagner de grands tournois et peut-être même un de ceux du Grand Chelem. Selon moi, elle en a les moyens. Mais il faut lui laisser le temps de faire sa place sur le circuit, d'acquérir un peu d'expérience et d'apprendre à gérer ses matchs contre des filles qui, elles, en ont l'habitude. À mon avis, elle sera parmi les 50 meilleures joueuses au monde dans deux ans, mais pour cela, elle sait qu'elle devra travailler. Sans le travail, le talent ne sert à rien. Eugenie est très talentueuse, mais elle travaille aussi très fort à l'entraînement pour réaliser ses rêves. En un sens, c'est une grosse responsabilité pour moi d'avoir à la conseiller et à guider ses pas pour les débuts de ce qui sera sûrement une belle carrière. »

2013 : L'ENTRÉE DANS LE TOP 100

Pendant la période des fêtes de la fin d'année 2012, Eugenie Bouchard entreprend à presque 19 ans une saison particulièrement déterminante pour elle. Sa carrière junior est terminée, et elle peut jouer autant qu'elle le veut sur le circuit féminin. Avec Nathalie Tauziat, elle a convenu d'un programme très chargé pour progresser encore davantage dans le classement mondial.

La structure du tennis professionnel est en effet basée sur un classement mondial de tous les athlètes. Des centaines de tournois sont organisés chaque année sur tous les continents. Les plus lucratifs – ceux du Grand Chelem – offrent des bourses de plusieurs millions, mais la grande majorité des compétitions n'offrent que quelques milliers de dollars aux joueurs et joueuses. Toutes ces compétitions procurent également des points selon un barème établi en fonction de l'importance des tournois. Gagner l'Omnium des États-Unis permet ainsi de récolter 3,3 millions de dollars et 2 000 points, tandis qu'une victoire dans un Challenger 25K comme celui disputé à Gatineau procure une bourse d'environ 4 000 $ et 50 points.

Il faut évidemment faire partie de l'élite pour disputer les tournois les plus importants. En Grand Chelem, une centaine d'athlètes seulement sont assurées d'une place dans le tableau principal de 128 joueuses. C'est encore plus difficile d'être admise directement dans un tournoi de la catégorie « première » – la Coupe Rogers, par exemple – puisque seules une quarantaine d'athlètes sont qualifiées d'office. Quelques places sont réservées aux gagnantes des qualifications et aux joueuses obtenant des laissez-passer (« wild card ») habituellement accordés par les organisateurs à des joueuses locales. C'est grâce à l'un de ces laissez-passer que Bouchard avait pu jouer au stade Uniprix l'été précédent.

Le principe est le même quand on descend dans la pyramide. Les tournois « Challenger » offrent des bourses allant de 10 000 $ (10K) à 125 000 $ (125K) et si une 300e joueuse mondiale peut participer sans problème aux premiers, il faut parfois être du Top 100 pour être admise directement aux derniers. Être bien classé procure donc de nombreux avantages, d'autant plus qu'une défaite au premier tour en Grand Chelem est aussi payante qu'une victoire en Challenger 25K !

Au début de 2013, Eugenie n'est encore que la 147e mondiale. La saison s'amorce traditionnellement aux antipodes, où est disputé à la mi-janvier le premier des quatre tournois du Grand Chelem, les Internationaux d'Australie. C'est en Nouvelle-Zélande qu'elle célèbre l'arrivée de la nouvelle année, mais elle perd au premier tour du tournoi d'Auckland. Elle doit passer par les qualifications pour jouer au tournoi de Sydney puis aux Internationaux d'Australie, son premier tournoi du Grand Chelem chez les professionnelles. Elle s'arrête toutefois au deuxième tour des qualifications et rentre au pays avec une fiche peu reluisante de 1-3 en trois tournois.

Après la Fed Cup, à Medellin, elle dispute deux autres tournois en Colombie (deux victoires et deux défaites), puis part à Acapulco où elle gagne quatre matchs d'affilée pour atteindre les quarts de finale. Opposée à l'Italienne Sara Errani, 8ᵉ mondiale et favorite du tournoi, elle vient tout près d'enlever la première manche et ne s'incline que 7-6 (4)* et 6-2.

La tournée se poursuit à Indian Wells, en Californie, puis à Miami, en Floride, deux des tournois les plus importants après ceux du Grand Chelem. Lors du second, Eugenie défait à nouveau l'Israélienne Shahar Peer et se retrouve face à la deuxième favorite Maria Sharapova. Onze ans après avoir été photographiée avec celle qui était alors sa joueuse préférée, elle la retrouvait au même endroit, mais sur le court central cette fois !

Quelques semaines plus tôt, Bouchard avait été choisie, avec quelques autres jeunes joueuses, pour porter les vêtements de la collection MS (les initiales de Sharapova), que la Russe avait « dessinés » pour Nike. Elles avaient passé du temps ensemble dans le cadre d'une séance de photos publicitaires. « Sharapova a toujours été la joueuse qui m'a le plus inspirée, m'avait alors répété Bouchard. J'aime bien son style de jeu et je suis flattée que les gens me comparent à elle. J'espère être à la hauteur de ces comparaisons dans la suite de ma carrière… »

---

* Au tennis, quand les joueurs sont à égalité six jeux à six (6-6), on dispute un bris d'égalité. Le vainqueur est celui qui gagne sept points, avec toutefois l'obligation d'avoir au moins deux points d'avance. On note alors le pointage 7-6 avec, entre parenthèses, le nombre de points obtenus par le joueur perdant.

Après avoir écarté sa jeune rivale en deux manches de 6-2 et 6-0, Sharapova avait un peu « renvoyé l'ascenseur » : « Eugenie a connu une belle carrière chez les juniors et elle fait présentement la transition vers le circuit professionnel, avait-elle souligné sur le court après sa victoire. Ce n'est pas facile, mais elle est très talentueuse – son titre junior à Wimbledon en est la preuve – et je ne doute pas qu'elle connaîtra beaucoup de succès. »

Peut-être inspirée par ces compliments, Bouchard enchaîne avec sa meilleure performance en carrière chez les professionnelles à Charleston, en Caroline du Sud. Après s'être qualifiée, elle atteint les quarts de finale après des victoires contre Laura Robson (42e) et, surtout, Samantha Stosur (9e). Même si l'Australienne a dû se retirer à cause d'une blessure alors qu'elle était menée 6-1, 2-0, il s'agissait d'un premier gain contre une joueuse du Top 10 pour Eugenie.

Battue par Jelena Jancovic (18e), elle touche néanmoins une bourse de 16 990 $, sa plus grosse en carrière jusque-là. « C'est un peu décevant, parce que je sais que je peux jouer mieux que je l'ai fait aujourd'hui, souligne Bouchard en conférence téléphonique après sa défaite. J'ai eu des matchs difficiles cette semaine et je n'étais pas aussi fraîche physiquement et mentalement que je l'aurais souhaité. »

La déception disparaît rapidement puisqu'elle accède pour la première fois au Top 100 du classement mondial, passant du 114e au 95e rang le 8 avril. En prime, Eugenie est assurée d'une place dans le tableau principal des Internationaux de France à Roland-Garros, le deuxième tournoi majeur de la saison. « Je suis contente d'avoir pu atteindre ces objectifs cette semaine, avoue-t-elle. Je sais maintenant que je peux jouer au niveau de ces joueuses. Il reste à prouver que je peux le faire sur une base régulière, toutes les semaines. »

Eugenie a déjà joué 25 matchs en 2013 et elle est sur la route depuis la fin de l'année précédente. Elle profite d'une pause dans le calendrier pour passer quelques jours à Montréal et participer au Challenge Eugenie Bouchard, un événement caritatif au profit de la Société de recherche sur le cancer tenu au club de L'Île-des-Sœurs. Son père Michel est membre du conseil d'administration de cette société et sa sœur Charlotte participe à l'organisation de l'événement.

Après quelques jours de repos, elle rejoint l'équipe canadienne de Fed Cup en Ukraine d'où elle revient avec une cheville amochée. Cela l'obligera à rater plusieurs tournois en Europe sur la terre battue en préparation de Roland-Garros. Ce n'est finalement qu'une semaine avant ce rendez-vous important qu'elle peut reprendre la compétition, à Strasbourg.

Plusieurs des meilleures joueuses sont déjà à Paris pour s'entraîner à Roland-Garros, mais le tableau est quand même relevé en Alsace. Bouchard montre rapidement qu'elle est bien rétablie et elle bat successivement trois joueuses du Top 100 pour atteindre les demi-finales du tournoi, une première pour elle sur le circuit de la WTA. Elle va affronter la Française Alizé Cornet, alors 31e mondiale.

« Je suis heureuse, c'est sûr, mais ce n'est pas fini, je veux faire mieux que les demi-finales, assure-t-elle en conférence de presse. Je veux m'améliorer à chaque match. Je pense que j'ai bien joué jusqu'ici et je veux continuer comme ça. » Eugenie affiche une belle confiance : « À chaque tournoi, je pense que je peux gagner. Je crois toujours en mon jeu, en mon tennis. Mais je vais me concentrer sur mon match de demain. Je ne peux pas penser à la finale, parce que je ne suis pas encore en finale. »

Justement, elle s'arrête là, stoppée 7-5, 6-7 (5) et 6-3 par Cornet dans un match marathon de trois heures. Eugenie s'en veut beaucoup, car elle a eu plusieurs chances de s'imposer. La gagnante avoue d'ailleurs qu'elle a été impressionnée par sa rivale : « Elle a imposé une cadence infernale, elle a attaqué toutes mes balles et m'a fait beaucoup courir, déclare Cornet. J'ai vraiment dû puiser dans mes réserves. Et j'avais parfois l'impression de jouer au Canada, car la foule l'appuyait, elle aussi ! »

Quand le tournoi de Roland-Garros s'amorce, Eugenie est passée au 77e rang du classement et elle est maintenant la première Canadienne, devant Aleksandra Wozniak (81e). Elle remporte à Paris son premier match en Grand Chelem, un gain de 6-1, 7-6 (2) sur la Bulgare Tsvetana Pironkova (59e), mais s'incline ensuite contre Maria Sharapova 6-2, 6-4 dans un match disputé sur le court central mais perturbé par la pluie.

Son élimination relativement rapide permet au moins à Bouchard de bien préparer la courte saison sur le gazon et elle prend part aux tournois de Nottingham, de Birmingham et d'Eastbourne avant d'arriver à Wimbledon pour son premier tournoi avec les « grandes ». Ses exploits chez les juniors lui ont évidemment valu une belle réputation et les médias britanniques sont charmés par son prénom inspiré de l'une de leurs princesses.

Elle passe toutefois près de rater son entrée, n'arrachant la victoire à la Kazakhe Galina Voskoboeva (88e) qu'en trois manches, 5-7, 7-6 (5) et 6-4, après avoir été menée 0-4 dans le bris d'égalité de la deuxième manche. « Je n'ai pas disputé mon meilleur match, avoue Bouchard en conférence de presse.

Je suis venue près de perdre, mais j'ai été en mesure de revenir à force de lutter. Je suis contente de ça. Je pense que je l'ai eue à l'usure. J'étais confiante et calme, et j'avais le sentiment que je finirais par avoir le dessus. C'est ce qui est arrivé… »

Deux jours plus tard, Eugenie remporte ce qui est alors sa plus grosse victoire en carrière aux dépens de la Serbe Ana Ivanovic, ancienne première mondiale et 12e favorite du tournoi. Jouant avec un calme remarquable même si le match avait été déplacé sur le court central après le forfait d'une favorite, elle s'impose 6-3, 6-3. La salle de conférence du centre des médias est pleine quand la jeune femme y arrive.

« Je n'ai appris que 20 minutes avant le match qu'il serait disputé sur le court central et j'étais vraiment excitée ! Wimbledon, c'est un peu le temple du tennis. Mais j'avais aussi l'impression que j'étais à ma place, que je pouvais rivaliser avec elle. J'ai confiance en mes moyens. Je croyais en mes chances aujourd'hui et j'étais prête à tout pour gagner. J'ai réussi à garder le contrôle de mes nerfs, à part peut-être quelques points à la fin quand je servais pour le match. »

Devant les journalistes du monde entier qui la découvrent, Eugenie fait preuve d'assurance (et de patience !) en répondant à une série de questions incongrues. Elle doit ainsi expliquer que Westmount est un quartier de Montréal, qu'on y parle aussi français et que sa mère devait être un peu « loyaliste » pour prénommer ses enfants comme elle l'a fait. Elle présente d'ailleurs les membres de sa famille qui l'accompagnent, sa mère, Julie, sa sœur Beatrice et son frère, William. « Wimbledon, c'est un peu ma deuxième maison, explique-t-elle. C'est très *classy* ici et l'ambiance est extraordinaire. »

Même si elle est défaite au troisième tour par l'Espagnole Carla Suarez-Navarro (18ᵉ), 7-5 et 6-2, Bouchard est une vedette quand elle quitte Londres. Les spécialistes ne tarissent pas d'éloges, telle Martina Navratilova, l'ancienne championne d'origine tchèque qui détient le record de neuf titres à Wimbledon : « J'aime tout de son jeu. Elle a bien varié ses coups et s'est bien adaptée à la pression. Son jeu est solide techniquement, et elle sait déjà bien bâtir ses points. Elle a montré une belle force mentale, haussant son niveau dans des circonstances qui auraient pourtant pu l'impressionner. Si elle continue de cette façon, elle pourrait bien être au moins dans le Top 20 d'ici à la fin de l'année. Je ne veux pas aller jusqu'à dire qu'une étoile est née, mais nous avons sûrement vu une championne potentielle en Grand Chelem ! »

La suite de la saison permet à Bouchard de poursuivre son ascension avec plusieurs victoires contre des joueuses mieux classées qu'elle et des matchs contre les meilleures du moment, dont Petra Kvitova (7ᵉ) à Toronto, Serena Williams (1ʳᵉ) à Cincinnati et Angelique Kerber (9ᵉ) à l'Omnium des États-Unis. Au début de l'automne, après avoir atteint les demi-finales au tournoi de Québec, elle engrange 10 victoires dans trois tournois en Asie, dont sa deuxième contre une joueuse du Top 10, Jelena Jankovic (10ᵉ), à Tokyo. Elle conclut cette tournée en jouant la finale du tournoi d'Osaka, obligeant Samantha Stosur à jouer un long match de trois manches avant de s'incliner 3-6, 7-5 et 6-2.

À la fin de la saison, Bouchard est 32ᵉ mondiale, une progression remarquable qui lui vaut le titre de « nouvelle joueuse de l'année 2013 » sur le circuit féminin. Quand nous lui demandons comment elle compte composer avec les attentes et la pression associées à ce titre, elle répond : « La seule pression qui me touche est celle que je m'impose à moi-même. Je n'ai aucun contrôle sur les résultats des autres joueuses et sur le classement, alors je me concentre sur les façons d'améliorer mon jeu et d'offrir mes meilleures performances dans chaque tournoi. Tant mieux si c'est quand il y a de la pression, j'aime jouer dans les grands moments ! »

Avant de partir en Asie, Eugenie annonce qu'elle ne travaillera plus avec Nathalie Tauziat. Mère de famille avec trois jeunes enfants, la Française n'est pas aussi disponible que le clan Bouchard le souhaiterait. Tout en remerciant Tauziat pour leur fructueuse collaboration, elle déclare : « J'ai réalisé cette saison que je passais encore beaucoup de temps en Floride et cela va rester ma base d'entraînement l'année prochaine. Je vais donc travailler davantage avec Nick Saviano, et il va voyager avec moi plus souvent, particulièrement dans les tournois du Grand Chelem. »

Sans aucune amertume, Tauziat fait un bilan éloquent de ses deux années passées avec Eugenie, quelques semaines plus tard en Australie. La Canadienne vient d'atteindre la demi-finale et son ancienne entraîneuse ne se dit aucunement surprise en entrevue à la télé française : « Elle avait battu des filles parmi les 10 meilleures mondiales l'année dernière, elle avait gagné Wimbledon junior avec moi. Donc, si on regarde bien, c'était jouable pour elle ici. Elle avait déjà montré tout son potentiel. Elle apprend très vite. Elle écoute et elle fait les bons choix. Elle s'adapte très bien. Elle a les qualités pour devenir une grande joueuse. Elle n'a peur de rien. Quand elle entre sur un court central, elle ne se pose pas 10 000 questions, elle sait qu'elle est là pour gagner. Son jeu n'a pas changé depuis l'an dernier : elle avance toujours dans la balle, elle prend la balle tôt. De ce que j'ai vu de ses matchs, elle joue comme je lui demandais de jouer. »

Tauziat ne doute pas que Bouchard puisse aller encore plus loin : « Devenir la numéro un mondiale est son objectif, et je sais qu'elle fera tout pour y arriver, même si parfois elle fait des erreurs dues à sa jeunesse. Des mauvais choix de tournois, par exemple. Pour moi, elle peut être numéro un mondiale. Elle en a toutes les qualités. On voit que des filles comme Wozniacki, Safina ou Ivanovic l'ont été. Pourquoi pas elle ? »

LA «DIFFÉRENCE» CANADIENNE

La Française Nathalie Tauziat collabore avec Tennis Canada depuis plusieurs années. En plus de son travail avec Eugenie Bouchard, elle a suivi plusieurs joueuses, notamment Aleksandra Wozniak et la jeune Bianca Vanessa Andreescu. Selon l'ancienne finaliste à Wimbledon, c'est le caractère des joueuses canadiennes qui les différencie des autres. «Eugenie et les autres réussissent parce que ce sont des fonceuses», expliquait Tauziat en janvier 2014 à la télé de son pays. «Les Canadiennes savent ce qu'elles veulent. Elles sont plus positives. Eugenie, je lui ai appris que les choses se construisaient petit à petit. Et ça marche. La différence avec la mentalité française, c'est que lorsqu'elle a une occasion, elle sait qu'elle ne doit pas la rater. Les Françaises ne sont pas du tout comme ça, je parle en connaissance de cause...»

DEUXIÈME MANCHE

AUX PORTES
DE LA GLOIRE

UN SECOND PÈRE
ET UNE ARMÉE !

C'est désormais Nick Saviano qui est l'entraîneur attitré d'Eugenie Bouchard. Celle-ci a réussi un véritable exploit en convainquant l'Américain de partir avec elle sur le circuit féminin.

« J'ai longtemps refusé de voyager, a reconnu Saviano en entrevue. Je suis marié et père de trois filles, ce qui m'a longtemps amené à refuser les offres des joueurs qui voulaient que je devienne leur entraîneur à temps plein. À la fin de 2013, la situation avait changé. Mes filles étaient plus grandes et j'avais la possibilité de suivre trois joueuses sur le circuit : Eugenie, bien sûr, mais aussi Laura Robson et Sloane Stephens, qui étaient toutes dans le Top 50. Finalement, Laura a été blessée durant plusieurs mois, Sloane a décidé de travailler avec un autre entraîneur [Paul Annacone] et j'ai pu me concentrer sur Eugenie.

« En fait, nous n'avions jamais cessé complètement de travailler ensemble, même après son retour à Montréal, en 2008, pour rejoindre le Centre national de Tennis Canada. Elle venait parfois en Floride pour s'entraîner et travailler avec moi sur des points qu'elle voulait améliorer. Et je communiquais avec ses autres entraîneurs : Sylvain [Bruneau], qui venait aussi régulièrement en Floride et qui a toujours été une présence importante auprès d'Eugenie, Nathalie [Tauziat] aussi, qui a fait un travail remarquable avec elle pendant deux ans. C'est elle qui lui a inculqué ce sens de l'attaque et qui lui a permis de changer complètement son style de jeu. »

Saviano avait déjà accompagné Bouchard à quelques tournois en 2013, mais là, à la fin de l'année, il allait prendre une place prépondérante dans la vie de l'athlète, devenant, de l'aveu même de Julie Leclair, un véritable « second père » pour Eugenie.

« Je dirai simplement que nous avions une relation très proche, a-t-il expliqué. Quand quelqu'un qui vous est cher tente d'accomplir quelque chose de vraiment spécial, il faut le prendre avec tout le sérieux que cela exige et s'investir autant qu'on le peut. C'est ce que j'ai fait, sans oublier mes responsabilités. On ne travaille jamais juste avec une athlète, c'est un être humain qu'on accompagne dans son développement et il faut être en mesure de lui inculquer aussi des conseils et des leçons de vie. Eugenie avait de gros rêves et quand on a de gros rêves, il faut être prêt à faire de gros sacrifices ! C'est dans cet état d'esprit que nous avons abordé la saison 2014. »

Cela peut paraître curieux, mais c'est aux antipodes qu'est né le premier bataillon de ce qui allait devenir l'« armée » des partisans d'Eugenie Bouchard. Inspirés par des amis qui avaient décidé d'encourager la Serbe Ana Ivanovic la saison précédente, Jacob Wright, Ryan Gibb et une dizaine de jeunes Australiens amateurs de tennis avaient fondé la « Genie Army » quelques jours avant les Internationaux d'Australie de

2014. Le groupe est présent pour le premier match d'Eugenie, disputé sur un court secondaire, et ses membres en profitent pour la rencontrer, obtenir photographies et autographes, et même discuter un peu avec elle. Quand la joueuse souligne qu'elle espère les revoir lors de son prochain match, la machine est lancée.

De match en match, à mesure que Bouchard multipliera les surprises et avancera dans le tournoi, son «armée» animera les gradins par ses cris et ses chants. Attiré tant par le talent que par le physique de la Canadienne – la grande majorité des membres sont des jeunes hommes –, le groupe invente des «chants de guerre» qui vantent les mérites d'Eugenie. L'effet de la «Genie Army» est évident chez la jeune femme, on la voit même sourire avant les matchs, pendant son réchauffement et quand elle entend les paroles de certaines chansons!

Avec un tel soutien, Bouchard remporte cinq matchs – contre Hao Chen Tang (487e), Virginie Razzano (100e), Lauren Davis (68e), Casey Dellacqua (120e) et Ana Ivanovic (14e) – et atteint les demi-finales des Internationaux d'Australie en Grand Chelem. Ses deux derniers matchs ont été joués sur le court central de l'Arena Rod Laver et c'est elle que le public soutenait en majorité, même si elle jouait contre une Australienne (Dellacqua) et contre l'une des joueuses les plus populaires du circuit féminin (Ivanovic).

«Mon entraîneur [Nick Saviano] m'avait dit de profiter de ce match, de ne pas me laisser déranger par l'enjeu, commente Eugenie après sa victoire en quart de finale. C'est ce que j'ai fait.» Étonnant tout le monde par son calme, elle devient la deuxième Canadienne seulement à atteindre les demi-finales en Grand Chelem. Carling Bassett-Seguso était allée aussi loin à l'Omnium des États-Unis de 1984, 30 ans auparavant, quand elle n'avait encore que 17 ans. Eugenie, qui est la première Canadienne à faire aussi bien en Australie, est maintenant assurée d'une bourse de plus de 550 000 $ – presque autant que Bassett-Seguso a gagné pendant toute sa carrière!

En demi-finale, elle affronte la Chinoise Li Na, quatrième mondiale et double finaliste du tournoi (2011 et 2013), qu'elle avait déjà croisée en 2012 à la Coupe Rogers. «C'est une joueuse redoutable, une ancienne championne en Grand Chelem, et elle est toujours à l'aise ici, en Australie. Elle est excellente en fond du court et c'est difficile de la surprendre. Je l'ai déjà affrontée et je sais que je serai mieux préparée cette fois-ci», dit Bouchard.

À presque 32 ans, Li Na sait qu'elle doit profiter de son expérience des grands matchs – elle a remporté le tournoi de Roland-Garros en 2012 – et ne pas laisser à sa jeune rivale le temps d'apprivoiser cet environnement nouveau pour elle. En 15 minutes, Eugenie est déjà menée 0-5. Même si la deuxième manche est plus indécise, Li Na s'impose 6-2, 6-4 et met fin abruptement au beau parcours de Bouchard.

Un peu gênée sur le court après sa victoire, la Chinoise déclare au public: «Je suis désolée d'avoir déçu tous ses partisans. Eugenie sera sûrement la meilleure joueuse du monde un jour, c'est incroyable ce qu'elle a accompli cette semaine!» Bouchard ne cache pas sa déception en quittant le court, mais le compliment la touche beaucoup et elle est assurée d'entrer dans le Top 20 du classement mondial.

Une dizaine de jours plus tard, Bouchard est de retour au Québec pour la Fed Cup. Après ses exploits en Australie, elle monopolise l'attention des médias et revient sur son parcours à Melbourne. Alors que nous n'étions que quelques journalistes pour ses conférences de presse quelques mois plus tôt, la salle du Centre Claude-Robillard est bondée.

«J'ai vraiment beaucoup appris de cette expérience, raconte-t-elle. J'ai quand même joué trois matchs sur le court de l'Arena Rod Laver contre d'excellentes joueuses et cela m'a aidée à progresser. J'ai surtout réalisé l'importance, à ce niveau, de la préparation mentale. Contre des joueuses comme Li Na, l'aspect mental compte pour au moins 90 %. C'est important de toujours rester forte, bien concentrée et de ne pas abandonner. Les meilleures ne lâchent jamais, même après avoir perdu une manche.»

Eugenie a d'ailleurs rapidement mis en pratique les leçons qu'elle a apprises en Australie, reprenant rapidement l'entraînement avec Nick Saviano. «Je viens de passer quelques jours en Floride où j'ai travaillé sur certains aspects de mon jeu, les services notamment, a ajouté la 19e joueuse mondiale. Je voulais atteindre le Top 20, c'est fait! Maintenant, je ne songe qu'à m'améliorer, sans penser au classement.»

Après s'être un peu plainte de l'hiver québécois («C'est trop froid pour moi, j'aimerais mieux habiter en Australie!»), Bouchard en profite pour saluer et remercier sa nouvelle «armée» tout en avouant que les éloges des spécialistes des réseaux de télévision, souvent d'anciens champions et championnes, l'ont beaucoup stimulée.

La jeune femme a d'ailleurs passé une journée avec la légendaire Chris Evert, à Singapour, pour faire la promotion du Championnat de la WTA en fin de saison. Ce tournoi est réservé aux huit premières du classement, mais une compétition parallèle réunit les meilleurs espoirs et, à l'époque, Eugenie espère y être invitée. Evert, qui a gagné 157 titres en carrière, dont 18 en Grand Chelem, travaille pour le réseau ESPN et a été l'une de celles qui ont encensé Bouchard à Melbourne.

Leur journée à Singapour commence toutefois dans une ambiance de compétition amicale, Evert s'étonnant un peu sur son compte Twitter que Bouchard se soit vantée que les photographes s'intéressaient davantage à elle. À la fin des activités toutefois, l'Américaine est charmée et elle écrit : « OK, viens de passer toute une journée avec @GenieBouchard. Mes impressions : authentique, mature, déterminée et très drôle !!! »

EUGENIE ET JUSTIN

Comme bien des adolescentes, Eugenie
Bouchard et ses sœurs avaient le béguin
pour Justin Bieber. En janvier 2014, après
une victoire aux Internationaux d'Australie,
l'annonceur maison lui a demandé avec
quel garçon elle aimerait passer une soirée.
Gênée devant la foule du court central, elle
a répondu : « Ehhhh... Justin Bieber ? » Même
les membres de la « Genie Army » l'ont un
peu conspuée !

Quelques mois plus tard, après que le
chanteur lui eut envoyé ses encouragements
avant un match à Roland-Garros, elle a
précisé, toujours avec un brin d'humour,
que son compatriote devrait mettre un peu
d'ordre dans sa vie ! Les deux vedettes
canadiennes se sont finalement rencontrées
en mars 2015 dans un tournoi caritatif de
tennis organisé par l'acteur américain Will
Ferrell. « Il est vraiment gentil et très différent
de l'image que certaines personnes donnent
de lui », a alors dit Eugenie. « Nous avons
discuté un peu avant le match et j'ai vraiment
eu du plaisir à le rencontrer. »

UN DRAPEAU CANADIEN SUR LA JOUE !

Le tennis est un sport individuel, mais il devient quelques fois par année une affaire d'équipe. Ainsi, la Coupe Davis est l'un des trophées les plus prestigieux du sport, mais la compétition est réservée aux équipes nationales masculines. Les femmes, elles, ont la Fed Cup (Coupe de la Fédération).

Comme ces compétitions sont disputées en marge du calendrier professionnel et qu'elles ne procurent ni bourse ni point, les meilleures joueuses hésitent souvent avant d'accepter l'invitation du capitaine de leur équipe nationale. Serena Williams, par exemple, a aidé l'équipe américaine à remporter la Fed Cup en 1999, mais elle n'y a joué que quelques matchs depuis 2000. Maria Sharapova n'a participé qu'à cinq rencontres de Fed Cup en carrière.

Le Canada a signé son meilleur résultat en 1988 lorsque l'équipe féminine a atteint les demi-finales, mais la formule de la compétition a évolué depuis et les équipes sont maintenant divisées selon leur niveau. Les huit premières évoluent dans le Groupe mondial I, les huit suivantes dans le Groupe mondial II.

Les autres sont réparties dans les groupes I, II ou III des trois zones régionales : Amériques, Europe/Afrique et Asie/Océanie.

Le Canada n'avait accédé que deux fois au Groupe mondial II, en 2007 et en 2011, lorsqu'Eugenie Bouchard a été sélectionnée la première fois pour affronter la Slovénie. Alors âgée de 17 ans, elle avait été appelée en relève à Aleksandra Wozniak, blessée, et s'était retrouvée dans l'action quand Stéphanie Dubois n'avait pas été en mesure de tenir sa place. Battue le premier jour par la meilleure Slovène, Polona Hercog, elle était revenue en force le lendemain avec une victoire de 6-4, 6-1 contre Masa Zec-Peskiric qui ramenait les équipes à égalité, 2-2. Même si le Canada avait finalement perdu la rencontre, tout le monde avait été impressionné par l'aplomb de Bouchard.

En 2013, c'est dans un rôle plus important que le capitaine canadien Sylvain Bruneau fait appel à Eugenie pour le tournoi du Groupe I de la zone Amériques à Medellin, en Colombie. Évoluant avec ses coéquipières dans un environnement « hostile » – les spectateurs sud-américains se comportant souvent comme s'ils étaient à un match de soccer –, Bouchard remporte ses quatre matchs en simple et aide le Canada à gagner le tournoi.

Deux mois plus tard, elle est du voyage en Ukraine à l'occasion d'une rencontre éliminatoire pour l'accession au Groupe mondial II. L'aventure commence mal pour Eugenie puisqu'elle subit une blessure à la cheville droite pendant le premier match de la rencontre. Battue 7-6 (8), 3-6 et 2-6 par Elina Svitolina – qu'elle avait vaincue la saison précédente en finale junior à Wimbledon –, Bouchard ne semblait pas être en état de jouer au cours du week-end. Mais le lendemain matin, contre toute attente, elle se déclare prête à jouer. Faisant fi de la douleur, elle enlève le troisième match, 6-4, 7-5, à la meilleure Ukrainienne, Lesia Tsurenko (71e). Et après que Svitolina eut permis à son pays de revenir à égalité, 2-2, avec une victoire contre la Torontoise Sharon Fichman, Bruneau y allait avec un coup audacieux. «J'ai décidé de faire jouer à nouveau Eugenie après sa victoire en simple, a expliqué le capitaine canadien après la rencontre. Elle n'avait pas joué en double depuis novembre, mais je sentais qu'elle et Sharon avaient les atouts pour gagner ce match. Elle a montré beaucoup de caractère, car sa cheville est encore enflée et toute bleue.»

Le duo se sauve effectivement avec une victoire de 6-4, 6-3 qui permet au Canada de revenir dans le Groupe mondial II. «Eugenie est arrivée au déjeuner avec un grand sourire ce matin et nous avons compris qu'elle pourrait jouer, a expliqué Fichman. Cela a soulagé tout le monde. Toute la semaine, l'esprit d'équipe a été formidable. Aujourd'hui, les Canadiens faisaient presque autant de bruit que les Ukrainiens, même s'ils étaient bien moins nombreux.»

En février 2014, quelques jours seulement après ses exploits en Australie, Bouchard est encore au rendez-vous pour une rencontre du Groupe mondial II contre la Serbie. La compétition a lieu au Centre Claude-Robillard et on réalise rapidement qu'on n'a plus affaire à la même joueuse que les années précédentes. Toute une équipe s'active autour d'elle, et Eugenie est plus difficile d'accès.

Le mercredi, la traditionnelle conférence de presse tourne au *one woman show*, les autres joueuses de l'équipe canadienne – Aleksandra Wozniak, Sharon Fichman et Gabriela

Dabrowski – se retrouvant bien malgré elles dans des rôles de spectatrices un peu ennuyées. Rayonnante, Eugenie assure qu'elle est heureuse de jouer au Québec devant ses partisans : «Je n'ai pas joué ici depuis 18 mois et je n'ai pas souvent l'occasion de le faire.»

Bouchard assume entièrement ce nouveau statut de vedette en balayant ses deux rivales, Jovana Jaksic (149e) et Vesna Dolonc (117e), dans des matchs de moins d'une heure. La deuxième victoire permet au Canada d'accéder aux rencontres éliminatoires en vue du Groupe mondial I.

«C'est une sensation différente de jouer pour son pays, mais c'est aussi très satisfaisant», raconte celle qui a joué ses matchs avec un drapeau canadien dessiné sur une joue. «J'aime le rôle de meneuse de cette équipe et je pense que mes performances peuvent aider à inspirer mes coéquipières. Aleks [Wozniak] a bien fait hier dans le premier match et cela m'a motivée pour le mien. Aujourd'hui, c'est moi qui jouais en premier, ce que j'apprécie, et j'ai pu finir le travail. Nous avons une bonne équipe, nous voulons aller loin, mais nous allons prendre les rencontres une à la fois et même un match à la fois.»

De son côté, le capitaine Sylvain Bruneau insiste sur l'apport de sa meneuse : «Cela représente beaucoup pour le tennis canadien. Nous n'avons jamais été dans ce Groupe mondial I, qui ne réunit que les huit meilleures équipes, et nous le devons beaucoup à Eugenie. Ce qu'elle a accompli ce week-end est vraiment exceptionnel. Battre ses rivales comme elle l'a fait – après une semaine chargée et toute l'attention des médias et du public – démontre un talent exceptionnel. Et n'oubliez pas qu'elle va prendre un avion à 21 h 40 en direction de Doha, où elle jouera mardi. Peu de joueuses du Top 20 auraient accepté de sacrifier ainsi la préparation d'un gros tournoi afin de représenter leur pays (les Serbes étaient privés de leurs trois meilleures joueuses). Eugenie est très patriotique, elle tient à défendre les couleurs du Canada et le fait chaque fois avec tout son cœur. »

Avant ce duel contre la Serbie, l'équipe canadienne avait dû jouer cinq fois d'affilée à l'étranger. La chance est toutefois avec elle au printemps 2014 : le tirage des rencontres éliminatoires pour l'accession au Groupe mondial I oppose les Canadiennes aux Slovaques, et les matchs seront disputés encore une fois au Canada, les 19 et 20 avril. Après le Centre Claude-Robillard, c'est le PEPS de l'Université Laval, à Québec, qui est choisi pour la compétition. Autre coup de pouce, les visiteuses sont privées de plusieurs bonnes joueuses tandis que Sylvain Bruneau aligne la même formation qu'au tour précédent.

Depuis février, Eugenie a continué de progresser avec deux autres victoires contre des joueuses du Top 10, Sara Errani à Indian Wells, puis Jelena Jankovic à Charleston. Elle a aussi battu Venus Williams dans ce dernier tournoi, où elle a atteint les demi-finales. Dans un monde parfait, Bouchard aurait évité ce déplacement à Québec où elle sera obligée de jouer sur le ciment, alors que la saison sur terre battue est déjà amorcée et qu'on n'est qu'à quelques semaines du tournoi de Roland-Garros.

Elle débarque quand même dans la Vieille Capitale le mardi soir. « Ce n'est pas une situation idéale. C'est certain que j'aurais aimé continuer à m'entraîner sur la terre battue, avoue-t-elle le lendemain en conférence de presse, mais je voulais prendre part à cette compétition et je crois que je serai en mesure de m'adapter assez rapidement à une surface dure et que je serai prête pour mon premier match. »

Toujours compétitive, Eugenie lance une petite guerre psychologique la veille des premiers matchs, lors du tirage au sort, lorsqu'elle refuse de serrer la main de la Slovaque Kristina Kucova devant les photographes. «Je trouvais que ça faisait un peu niaiseux», répond-elle quand on lui demande d'expliquer son geste. De son côté, Kucova assure que ce n'est pas très important, mais qu'elle y trouve une source supplémentaire de motivation.

Bouchard se réjouit de jouer de nouveau chez elle dans le très bel environnement du PEPS. La surface de jeu, un peu déficiente lors de la rencontre précédente à Montréal, a été remplacée par un nouveau tapis synthétique, et les conditions de jeu sont «parfaites», selon le capitaine canadien Sylvain Bruneau.

«La Slovaquie a une longue tradition en Fed Cup et son équipe a beaucoup de profondeur, rappelle aussi Bruneau. Leurs filles qui sont ici sont à l'aise sur surface rapide comme les nôtres. L'ordre des matchs est le même que contre la Serbie, avec Aleks [Wozniak] en premier, mais cela n'a pas vraiment d'importance. L'objectif est d'aller chercher trois points. Pour l'instant, toutefois, nous ne pensons qu'aux matchs de samedi...»

Jouant devant une foule enthousiaste, Eugenie et Aleksandra Wozniak remportent les trois premiers simples et assurent la promotion du Canada avec l'élite. C'est une victoire de 7-6 (6), 6-3 de Bouchard sur la Slovaque Jana Cepelova qui propulse les Canadiennes avec l'élite de la Fed Cup pour la première fois de l'histoire du tennis canadien.

«Ça fait beaucoup d'émotions», avoue Bruneau, qui est impliqué avec l'équipe canadienne depuis plus d'une décennie.

Accéder au Groupe mondial I était notre objectif et Eugenie a disputé un grand match aujourd'hui pour nous donner le point décisif. Ce n'est pas facile de se rassembler comme cela quelques fois par année, mais les filles sont fières de représenter leur pays et cela facilite les choses. Nous devrons continuer de nous améliorer, car le Groupe mondial, c'est un autre niveau. Ce ne sera pas facile, mais nous aurons la chance de concourir pour les grands honneurs.»

De son côté, Bouchard est fière d'avoir pu mener son équipe au Groupe mondial. «Je suis heureuse, bien sûr. C'est toujours un honneur de représenter son pays et c'est fantastique de faire maintenant partie des huit meilleures équipes du monde. Mon jeu a été couci-couça, aujourd'hui. Je n'étais pas toujours à l'aise sur le court et j'ai vraiment dû travailler fort. Hier, contre Kristina Kucova, j'avais eu de la difficulté à entrer dans le match. Aujourd'hui, je transpirais beaucoup et j'avais de la difficulté avec la prise de ma raquette. Mais je suis fière de la façon dont j'ai pu reprendre l'initiative, en deuxième manche surtout.»

Avec une fiche de onze victoires et deux défaites en Fed Cup et, surtout, quatre victoires importantes en deux rencontres en 2014, Bouchard vient d'être l'artisane des plus grands succès canadiens dans cette compétition. Elle s'en réjouit, mais lance aussi un avertissement: «J'ai beaucoup joué en Fed Cup au cours des dernières années, même si cela ne représente que deux semaines dans l'année. Je ne sais pas encore si je pourrai le faire la saison prochaine, mais c'est certain que j'aimerais être là. Et ce serait vraiment bien de pouvoir jouer encore à la maison, devant nos merveilleux partisans.»

UNE COLLECTION DE TOUTOUS

Cela avait commencé aux Internationaux d'Australie quand quelques admirateurs avaient lancé des animaux en peluche à Eugenie Bouchard après une de ses victoires. À la fin du tournoi, elle en avait toute une collection! Les amateurs canadiens ont pris la relève lors de la rencontre de Fed Cup disputée juste après les Internationaux. Après la victoire du Canada contre la Serbie, c'est entouré de plusieurs de ses animaux qu'Eugenie a rencontré les journalistes en conférence de presse. «Il y en a plusieurs qui représentent des animaux canadiens, a-t-elle souligné, visiblement amusée. En Australie, j'avais eu des animaux de ce pays, mais là, j'ai un ours polaire, un chien husky, un caribou... Si ça continue, je devrai prendre une chambre de la maison pour les entreposer!» La tradition s'est poursuivie une bonne partie de l'année 2014 et, encore aujourd'hui, des amateurs offrent des toutous à Eugenie après ses matchs.

UNE PREMIÈRE
À NUREMBERG

Maintenant 19ᵉ mondiale, Eugenie se réjouit au printemps 2014 de pouvoir disputer toute une série de tournois prestigieux de la catégorie «première» en Europe. «J'ai la chance de jouer à Estoril, au Portugal, puis à Madrid et à Rome, des villes que je n'ai pas encore visitées», confie-t-elle après la rencontre de Fed Cup à Québec. «Nous allons jouer sur la terre battue rouge comme à Roland-Garros, et je suis vraiment contente de retourner à Paris dans quelques semaines.»

La tournée européenne commence toutefois lentement pour Bouchard. Après deux victoires à Estoril, elle subit trois défaites d'affilée et ne fait que passer à Madrid et à Rome. Nick Saviano a retardé son arrivée en Europe pour régler des dossiers en Floride, et Eugenie peine à trouver ses marques sur la terre battue. Ne reste qu'un tournoi avant Roland-Garros : la Coupe de Nuremberg, en Allemagne. Elle y est la deuxième favorite, mais le sort l'avantage, et elle n'a à affronter aucune des autres joueuses classées jusqu'en finale.

C'est la deuxième finale de Bouchard en carrière sur le circuit WTA et elle affronte Karolina Pliskova (64ᵉ). Après une première manche réglée en moins de 30 minutes et une avance rapide de 4-2 en deuxième manche, elle semble voguer vers une victoire facile, mais Pliskova aligne quatre jeux d'affilée et revient à égalité. Alors qu'elle pourrait « décrocher », Bouchard reste plutôt bien concentrée et s'impose finalement 6-2, 4-6, 6-3.

En conférence de presse, elle ne cache ni sa satisfaction ni ses ambitions : « C'est une étape importante dans ma carrière. Gagner un titre de la WTA était évidemment l'un de mes objectifs et je suis vraiment heureuse de l'avoir atteint. Mais je veux accomplir beaucoup plus – d'autres titres, de plus gros titres – et je vois cette victoire comme un pas dans la bonne direction. C'est une partie de mon rêve, mais je veux aller de l'avant, continuer de bâtir sur mes succès. »

La joueuse de 20 ans est la première Canadienne à être couronnée championne d'un tournoi de la WTA depuis Aleksandra Wozniak à Stanford, en 2008, la seconde seulement depuis 1988. En fait, la Québécoise n'est que la sixième joueuse du pays à remporter un titre sur le circuit féminin. Carling Bassett-Seguso (Hershey en 1983 et Strasbourg en 1987), Patricia Hy-Boulais (Taipei en 1986), Helen Kelesi (Tokyo en 1986 et Taranto en 1988) et Jill Hetherington (Wellington en 1988) s'étaient aussi imposées dans les années 1980 quand le circuit n'était pas aussi compétitif qu'aujourd'hui.

Elle quitte l'Allemagne le soir même de la finale, attendue à Paris pour le premier tour du tournoi de Roland-Garros. La série de défaites est oubliée, et elle est prête pour un autre tournoi du Grand Chelem : « J'ai eu quelques semaines plus difficiles avant de venir ici, mais je savais que mon niveau n'était pas celui que je souhaitais. Je sentais que je jouais bien, mais je n'étais pas assez constante dans ces matchs. Cette semaine, avec les matchs et les entraînements, je sens que je suis plus à l'aise sur la terre battue. Je bouge mieux et je laisse aller mes coups beaucoup plus librement. C'était ma dernière chance de bien préparer Roland-Garros et je suis heureuse de l'avoir fait aussi bien. »

Disputés depuis 1891, les Internationaux de France sont présentés depuis 1928 au stade Roland-Garros – nommé ainsi en l'honneur d'un aviateur héros de la Première Guerre mondiale – en bordure du Bois de Boulogne, à l'ouest de Paris. Les installations sont coincées sur un terrain de moins de 10 hectares, à peine la moitié de ce qu'on trouve à Wimbledon, à New York ou à Melbourne. Des travaux constants ont permis au site de conserver son charme particulier tout en modernisant les équipements.

Mais Roland-Garros est surtout célèbre pour ses courts de terre battue rouge, qui exigent eux aussi un apprentissage particulier et auxquels plusieurs joueurs restent « allergiques » toute leur vie. Les champions américains, en particulier, s'y sont souvent cassé les dents : Jimmy Connors, John McEnroe, Pete Sampras et Venus Williams ont tous remporté plusieurs titres en Grand Chelem, mais aucun à Paris.

À l'inverse, certains champions sont des spécialistes de la terre battue et l'Espagnol Rafael Nadal est sans conteste le meilleur de tous les temps, avec notamment neuf titres à Roland-Garros entre 2005 et 2014. Plusieurs de ses compatriotes ou « cousins » d'Amérique du Sud ont aussi trouvé à Paris une surface qui leur a permis d'obtenir leurs plus beaux succès.

C'est quand même plus facile d'apprivoiser la terre battue rouge de Roland-Garros que le gazon de Wimbledon, d'autant plus que la saison est plus longue avec de nombreux tournois entre les mois d'avril et de juin. Au printemps 2014, Eugenie Bouchard vient de remporter son premier titre important en carrière sur la terre battue et, encore une fois, le fait de jouer sur une «grande scène» du tennis allait lui permettre de se dépasser.

La Canadienne traverse d'abord en coup de vent la première semaine du tournoi avec des victoires contre Shahar Peer (88e), Julia Goerges (107e) et Johanna Larsson (99e), n'étant ralentie qu'au deuxième tour par l'Allemande Goerges, qui mène 6-2, 2-1 avant de voir Bouchard remporter 11 des 12 derniers jeux.

À mi-tournoi, elle profite d'une journée de repos et relaxe dans le salon des joueurs, une aire confortable et aérée située sous les gradins du stade Suzanne Lenglen. L'acteur américain Owen Wilson est en visite avec un ami de Nick Saviano. De fil en aiguille, on présente l'acteur à Eugenie. Visiblement emballée par la rencontre, elle dit en conférence de presse : «Il m'a dit qu'il m'avait vue jouer à la télé et cela m'a vraiment fait plaisir, car je suis une très grande fan. *Wedding Crashers* et le film sur Google [*Les Stagiaires*], c'était fantastique !»

Le lendemain, elle affronte en quatrième ronde l'Allemande Angelique Kerber, huitième favorite, et joue probablement le meilleur match de sa carrière jusque-là, écrasant sa rivale 6-1, 6-2. «Je suis très confiante, je crois en mes moyens», assure-t-elle en conférence de presse devant des journalistes de plus en plus nombreux. «Je crois que je peux jouer avec les meilleures sur le circuit. J'ai beaucoup amélioré mon jeu depuis l'Australie, je suis maintenant à un autre niveau. Je me sentais très bien lors des matchs et à l'entraînement récemment et je savais que je pouvais jouer un tel match, mais je crois que je peux faire encore mieux. Il y a encore des choses que je peux améliorer. »

L'Espagnole Carla Suarez Navarro (15ᵉ) est plus coriace en quart de finale. Cette spécialiste de la terre battue prend l'avantage 5-2 à la première manche, mais Bouchard revient et s'impose 7-6 (4). Après avoir cédé la deuxième manche 2-6, Eugenie est au bord du gouffre à 1-4, mais elle revient encore, 7-5, et obtient son billet pour un nouveau rendez-vous avec Maria Sharapova comme la saison précédente, mais en demi-finale cette fois !

La joueuse de 20 ans est la seule à atteindre le carré d'as des deux premiers tournois du Grand Chelem de la saison. En conférence de presse, elle déride les journalistes : « Mon objectif, c'est de faire comme Roger [Federer] : 20 demi-finales de suite ! Là, j'en suis à deux ! Je blague, mais je suis fière d'avoir si bien joué dans les tournois les plus importants. Je veux continuer et faire mieux qu'en Australie. »

Avant leur duel, Bouchard et Sharapova doivent encore revenir, à la demande des journalistes, sur leur relation et sur la fameuse photo prise 12 ans auparavant à Miami. La Russe, qui a dû prendre des centaines de photos du genre dans sa carrière, n'en a aucun souvenir et dit : « Mon premier souvenir d'elle ? Sans doute quand elle jouait en Grand Chelem junior, je ne me souviens pas exactement quand… Je me souviens qu'elle avait reçu un laissez-passer au Canada [pour la Coupe Rogers], à Toronto ou à Montréal, et qu'elle avait bien fait. Je n'ai ensuite commencé à la voir davantage à la télévision qu'au début de la saison dernière, spécialement à Miami quand je l'ai affrontée pour la première fois.»

Bouchard, sans doute un peu froissée qu'on ressorte cette image d'une gamine, avertit d'entrée: «Premièrement, nous ne sommes pas des amies et la relation s'arrête là. Oui, bien sûr, quand j'étais une enfant, je l'admirais et je me souviens l'avoir vue en finale à Wimbledon [en 2004] et avoir pensé qu'elle faisait quelque chose de très *cool* et que j'aimerais le faire un jour moi aussi. Mais nous sommes maintenant en demi-finale d'un Grand Chelem, je vais la respecter, bien sûr, mais je ne la placerai pas trop haut sur un piédestal, car je veux vraiment me battre pour la victoire.»

Et c'est ce qu'elle fait. Bousculant sa rivale avec son jeu agressif, Eugenie remporte la première manche 6-4. Mais c'est la dernière manche qui compte au tennis et Sharapova réagit. Les deux joueuses s'échangent plusieurs bris de service avant que la Russe se détache à 5-3. Bouchard repousse trois balles de manche et revient à 5-5, mais laisse Sharapova enlever la manche et revenir à égalité. Dans la manche décisive, l'aînée augmente encore la pression et prend le service de Bouchard dans le quatrième jeu, alors qu'Eugenie menait pourtant 40-0. La Canadienne ne cède finalement qu'à la cinquième balle de match, après 2 heures et 27 minutes de lutte.

Battue 4-6, 7-5 et 6-2, Bouchard s'est approchée de la finale, mais elle sait qu'elle a commis trop d'erreurs. «J'avais un plan en tête, mais je n'ai pas assez laissé aller mes coups, estime-t-elle en point de presse. Je n'ai pas fini mes points comme je le voulais dans les deux dernières manches. Elle a aussi élevé son niveau de jeu et me mettait beaucoup de pression. J'ai eu quelques chances ici et là, mais je ne les ai pas saisies. C'est une expérience et j'en tirerai des enseignements. C'est triste de voir que tout ça s'arrête aujourd'hui, mais cela me motive parce que même si je n'ai pas joué du bon tennis, j'étais très proche de la battre. »

Quatre mois plus tôt, Eugenie était un peu passée à côté de sa demi-finale contre Li Na aux Internationaux d'Australie. Cette fois, après s'être rendue aussi loin à Roland-Garros, elle s'estimait davantage «à sa place». «Je me sentais beaucoup mieux aujourd'hui sur le terrain que pendant ma première demi-finale en Grand Chelem (en Australie). Plus je jouerai de grands matchs comme celui-là, plus je me sentirai à l'aise. Je sens que j'arriverai à gérer ces matchs encore mieux à l'avenir. »

Bouchard vient de jouer 11 matchs en 18 jours à Nuremberg et à Roland-Garros. Elle n'a pourtant que quelques jours pour récupérer avant le début de la courte saison de gazon, sa surface préférée. Battue d'entrée à l'Omnium Topshelf de Bois-le-Duc, aux Pays-Bas, elle s'en va directement à Londres pour préparer le tournoi de Wimbledon.

UN ACCENT
QUI FAIT JASER

Eugenie Bouchard a été élevée en anglais. Elle a fréquenté une école primaire anglophone et a déménagé en Floride quand elle avait 12 ans. Quand elle m'a accordé sa première entrevue, à 15 ans, elle s'exprimait dans un français correct, mais avec un fort accent anglais. Quelques années plus tard, à Roland-Garros, elle a causé un «incident diplomatique» en répondant à une question d'un journaliste allemand qui lui demandait si elle pouvait parler français avec le véritable accent de ce pays. «Vraiment? Je pense que j'ai un accent un peu plus anglais parce que je ne parle pas si souvent français, avait-elle répondu. Mon français était un peu meilleur quand j'étais plus jeune, je le perds un peu maintenant. Je ne parle pas avec un accent québécois, alors au moins ça c'est bon.» Quand le journaliste avait insisté pour qu'elle parle avec l'accent parisien, elle avait répliqué: «Je peux, oui, mais je ne le ferai pas ici maintenant!» Prise hors contexte, l'allusion à l'accent québécois a provoqué de vives réactions au Canada. Eugenie a dû expliquer qu'elle ne voulait choquer personne et qu'elle est la première à s'amuser de son propre accent ou de celui de ses amis. L'incident lui a toutefois fait davantage réaliser qu'elle devait être prudente dans ses commentaires, contribuant sans doute à la rendre encore plus méfiante envers les médias.

ET L'AMITIÉ DANS TOUT ÇA?

EUGENIE ET SES PARENTS ONT TOUJOURS EU DES OBJECTIFS très ambitieux et n'entendaient manifestement pas perdre leur temps pour les réaliser. Déjà, dans les tournois pour les jeunes, la famille était reconnue pour ses exigences, voire ses «caprices», et plusieurs organisateurs gardent un souvenir ambivalent de la participation d'Eugenie à leurs tournois. Certains y voyaient du snobisme, d'autres une volonté de garder leurs distances, mais les Bouchard n'étaient pas là pour «s'amuser».

Aujourd'hui encore, Eugenie Bouchard n'est pas la joueuse la plus populaire dans les vestiaires du circuit féminin et elle ne cherche pas à l'être. «Je n'ai pas d'amies sur le circuit, disait-elle en 2014 à Roland-Garros. Pour moi, ce sont avant tout des adversaires. C'est important de ne pas oublier qu'on va devoir jouer les unes contre les autres. Ce n'est pas comme si nous étions des coéquipières, au contraire, c'est très compétitif. J'ai mes amis et ma famille à la maison.»

En 2014, en marge du tournoi de Wimbledon, c'est pourtant son ancienne amitié avec Laura Robson qui a fait couler beaucoup d'encre dans les médias britanniques. On a déjà dit comment les deux joueuses s'étaient connues, alors enfants, lors de leurs premières compétitions internationales et comment elles s'étaient retrouvées par la suite à l'académie de tennis de Nick Saviano, en Floride. À l'adolescence, elles étaient pratiquement inséparables et c'est chez les Robson que Bouchard logeait lors de ses premières visites à Wimbledon. Au cours des années, on a pu suivre leur amitié sur les réseaux sociaux où les deux joueuses n'hésitaient pas à publier leurs photos et même des vidéos.

En 2012, elles avaient fait une version vidéo de la chanson *Gangnam Style* avec la participation de Maria Sharapova. D'autres joueuses et des membres du personnel de la WTA y avaient aussi collaboré. Les deux jeunes femmes avaient visiblement consacré beaucoup de temps à faire cette vidéo, qui avait été vue par plus de 700 000 internautes sur YouTube. Deux ans plus tard, on apprend qu'elles se sont éloignées l'une de l'autre.

À Wimbledon, un journaliste britannique demande à Eugenie si Robson est encore son amie. « Non, je ne pense pas », répond-elle. Quand on lui demande d'en expliquer la raison, elle reste vague : « Je vais vous laisser trouver la réponse par vous-mêmes. » Deux quotidiens, le *Daily Mail* et le *Telegraph*, la prennent au mot et publient de longs articles sur le sujet. Selon eux, l'amitié aurait pris fin à la suite d'une dispute concernant les services de l'entraîneur Nick Saviano, ce dernier ayant apparemment privilégié Bouchard aux dépens de Robson. En fait, comme l'avait expliqué Saviano, l'entraîneur devait travailler avec les deux joueuses, mais la Britannique s'était blessée à un poignet et elle allait rater pratiquement toute la saison.

Au-delà de leurs différends personnels, c'est la « compétition » qui a fini par avoir raison de l'amitié entre Bouchard et Robson. « Je préfère maintenant ne pas être trop proche des autres joueuses sur le circuit, avouait Eugenie quelques mois plus tard. J'essaie d'être amicale avec la plupart des filles – on n'est quand même pas dans *Mean Girls* –, mais je suis plutôt du genre à arriver sur le site, à faire mon travail et à repartir sans avoir trop d'échanges avec les autres joueuses. Je pense que c'est la meilleure façon pour moi de demeurer bien concentrée et d'éviter les distractions. Les jours de match, je suis vraiment dans ma bulle. »

Toutes les joueuses ne vivent toutefois pas leurs émotions de la même façon, et on retrouve de nombreuses histoires d'amitié sur le circuit, même parmi les meilleures joueuses. Serena Williams, qui est réputée pour être l'une des adversaires les plus intimidantes à affronter, est très proche de Caroline Wozniacki. Elles se sont souvent affrontées lors de tournois – jusqu'en finale de l'Omnium des États-Unis en 2014 – mais la compétition entre elles s'arrête avec le point du match. Quelques semaines après cette finale, Serena était d'ailleurs sur la ligne d'arrivée du marathon de New York pour y accueillir Wozniacki.

Comme elles l'ont raconté en 2015 dans un reportage du magazine *Vogue*, les deux femmes s'étaient beaucoup rapprochées au printemps 2014. Durant cette période, le golfeur Rory McIlroy avait brusquement rompu ses fiançailles avec Wozniacki quelques jours après l'envoi des faire-part du mariage. La joueuse s'était réfugiée chez elle à Monaco, refusant de parler à quiconque. Seule Williams avait réussi à la joindre après avoir menacé de sauter dans un avion et d'aller défoncer la porte de l'appartement de son amie. « J'ai fini par répondre au téléphone et je suis tellement heureuse de l'avoir fait. Serena comprenait vraiment ce qui m'arrivait et elle m'a vraiment aidée, sans me prendre en pitié. Elle a été là quand j'avais vraiment besoin d'elle et c'est ce qui explique que nous soyons si proches. »

En 2015, à Toronto pendant la Coupe Rogers, Wozniacki s'est glissée parmi les journalistes lors d'un point de presse de Williams, et nous avons eu droit à un joyeux numéro des deux amies. À la fin, tous riaient aux éclats.

De grandes championnes du passé ont aussi été très proches. C'est le cas de l'amitié entre Chris Evert et Martina Navratilova, longtemps les deux meilleures joueuses du monde. « C'est elle qui m'a permis d'être la femme que je suis aujourd'hui, expliquait Navratilova il y a quelques années en entrevue. Ensemble, nous avons entretenu une rivalité très saine. Je ne crois pas qu'il existe un autre exemple dans le sport moderne où les numéros un et deux étaient si près l'une de l'autre pendant si longtemps. »

Une telle amitié exige nécessairement une grande maturité et, dans le cas de deux personnes aussi différentes, un grand respect mutuel. Evert perpétuait le mythe de l'« All-American Girl » et touchait les cœurs avec ses amours déçues ; Navratilova choquait les puritains avec son *look* masculin et ses relations homosexuelles. Au-delà de l'image et de la compétition, les deux grandes dames du tennis féminin étaient proches et le sont restées aujourd'hui.

Pam Shriver, qui a longtemps été la partenaire de double de Navratilova, expliquait en entrevue : «J'ai un fils qui a dû affronter son meilleur ami en finale de son premier tournoi officiel, à l'âge de 10 ans. Il l'a fait, et ils sont toujours amis ! Il m'avait déjà vu jouer contre de très bonnes amies, Martina, Chris, d'autres aussi. J'ai dû affronter certaines de mes amies 45 fois sur le circuit, ça fait partie du tennis. Il faut être capable de compartimenter ses émotions. »

Même si on retrouve aussi de vives rivalités chez les hommes – souvent entre des joueurs du même pays, les Américains ou les Australiens par exemple –, les meilleurs de la génération actuelle se vouent un grand respect.

Si elle se méfie un peu des autres joueuses, Eugenie Bouchard est toutefois reconnue pour sa générosité envers les amateurs. Très présente sur les réseaux sociaux, elle a été surnommée la «reine des *selfies*» et elle n'hésite jamais à partager ses photos. «La plupart des jeunes de ma génération sont sur les médias sociaux, et je trouve que c'est une excellente façon de rejoindre mes fans, expliquait-elle en entrevue en 2014. Je peux m'adresser directement à eux, répondre à leurs questions et c'est quelque chose que j'aime vraiment. »

De la même façon, elle est l'une des plus assidues aux séances d'autographes et de clavardage organisées par la WTA, une façon de soigner sa base de partisans et d'offrir de la visibilité à ses commanditaires. Alors qu'elle est de plus en plus sollicitée par les médias du monde entier – et qu'elle refuse la majorité des demandes d'entrevue –, ce rapport direct avec les amateurs lui permet de devenir rapidement l'une des joueuses les plus populaires du circuit féminin.

Eugenie assure que cette présence très active sur les médias sociaux ne gêne d'aucune façon sa préparation : «Je le fais quand j'ai du temps libre, après mes entraînements, mon travail au gym et tout le reste. C'est une façon pour moi de relaxer, de m'amuser un peu aussi et j'y prends beaucoup de plaisir. »

Parmi tous les messages de ses admirateurs, Eugenie reçoit évidemment des propositions de sorties et quelques demandes en mariage. Elle y répond toujours avec humour, gardant sa vie amoureuse pour elle-même. En 2012, à l'occasion d'un reportage de fin d'année dans *La Presse*, nous lui avions demandé ce qu'elle pensait de l'amour : «Je suis encore jeune et je préfère accorder la priorité à ma carrière et à ma famille pour l'instant, avait-elle répondu. De toute façon, c'est difficile de concilier la vie d'une joueuse de tennis avec une vie de couple. Je n'ai pas d'amoureux pour l'instant et ça me convient parfaitement. »

Un an plus tard, invitée à l'émission de télé *Tout le monde en parle*, elle n'avait ni confirmé ni nié une relation avec le joueur de hockey Alex Galchenyuk, du Canadien de Montréal. L'année suivante, on l'aperçoit toutefois avec Jordan Caron, un joueur de l'organisation des Bruins de Boston. Ils sont même réunis dans un repas familial du temps des Fêtes, et Charlotte Bouchard, la sœur d'Eugenie, publie une photo du groupe dans les médias sociaux. Le «couple» sera vu régulièrement tout au long de l'année 2015, Caron faisant le voyage à Paris pour le tournoi de Roland-Garros. La relation semble toutefois terminée depuis la fin de cette année 2015 et, malgré des rumeurs la liant au Bulgare Gregor Dimitrov – l'ancien amoureux de Maria Sharapova –, on ne connaît à Eugenie aucun autre prétendant sérieux.

De façon plus personnelle, le printemps 2014 est une période difficile pour la famille Bouchard. Michel et Julie, les parents d'Eugenie, étaient ensemble depuis 1987 et s'étaient mariés en 1993. Les succès professionnels et l'arrivée des enfants avaient permis au couple de vivre en harmonie pendant de nombreuses années, mais leur relation s'est détériorée à la fin des années 2000.

Dès 2006, Julie Leclair avait suivi Eugenie en Floride et, comme elle l'a affirmé en entrevue, elles ne sont jamais vraiment « rentrées à la maison » par la suite, toujours prises dans leurs valises à courir les tournois ou les stages d'entraînement en Floride. Cette séparation de fait – M. Bouchard étant toujours demeuré à Montréal pour gérer son bureau de consultation en finances, puis pour travailler comme associé chez Cheverny Capital – a fini par avoir raison du couple.

Commencées en 2012, les procédures de divorce se sont terminées en mai 2014, le jugement entrant en vigueur en juin, pendant le tournoi de Roland-Garros. Maintenant âgée de 20 ans, Eugenie est indépendante financièrement. Sa mère continue de l'accompagner tandis que son père vit maintenant avec ses autres enfants dans une nouvelle maison, toujours à Westmount. Curieusement, l'ancienne résidence familiale de la rue Forden, toujours propriété des Bouchard, est inoccupée. Elle se retrouve dans l'actualité l'année suivante quand un hebdomadaire rapporte que les policiers et les pompiers de Westmount ont dû répondre à une plainte d'un voisin préoccupé par l'état d'abandon du bâtiment. Comme quoi les apparences peuvent parfois être trompeuses.

EN FINALE
À WIMBLEDON

Wimbledon a toujours occupé une place à part dans la carrière d'Eugenie Bouchard. En 2014, cela devient encore plus évident.

Ses deux demi-finales en Grand Chelem plus tôt dans la saison ont fait d'elle une vedette, et elle est la 13ᵉ favorite du tournoi. Son point de presse, le dimanche précédant le tournoi, est donc très attendu, et elle-même ne cache pas son enthousiasme à l'idée de retrouver son «jardin anglais». «J'ai des frissons quand j'arrive à Wimbledon. J'aime la tradition et l'histoire de ce tournoi, qui est le plus prestigieux, selon moi. Et des choses ont changé depuis l'an dernier. Comme je suis parmi les 16 favorites, je peux accéder aux vestiaires des membres. Cette faveur m'excite vraiment. C'est encore plus chic et il y a sur l'extérieur de la porte la liste des noms des rares privilégiées qui ont accès à ce vestiaire. Le mien y est! C'est vraiment *cool* et ça m'excite beaucoup. Des gens me disent que c'est juste un vestiaire, mais j'apprécie ces petits détails. On sent qu'on s'occupe bien de nous ici.»

Visiblement à l'aise dans cet environnement, Bouchard a des objectifs ambitieux en début de tournoi. «Je suis fière d'avoir atteint deux demi-finales d'un Grand Chelem, mais j'étais déçue d'avoir perdu chaque fois, rappelle-t-elle. Je n'ai pas un objectif de ronde minimale dans un tournoi, je veux plutôt gagner un Grand Chelem. Est-ce que ça va arriver maintenant ou l'an prochain? Je ne sais pas, mais c'est mon seul véritable objectif.»

Comme à Roland-Garros, Eugenie passe sans problème la première semaine du tournoi. Après une victoire sur la Slovaque Daniela Hantuchova (34e), elle doit patienter de longues heures avant d'entrer sur le court numéro 3 pour affronter au deuxième tour l'Espagnole Silvia Soler-Espinosa (75e), les deux matchs précédents s'étant éternisés. «Je n'avais jamais été dans une telle situation, devoir attendre deux matchs de cinq manches, raconte-t-elle après sa victoire de 7-5, 6-1. C'était vraiment bizarre. L'horaire est un aspect difficile du tennis, car il n'y a pas de limite de temps. Au hockey ou au basket, les athlètes savent des mois d'avance à quelle heure ils vont jouer. Mais bon, ça fait de bonnes histoires à raconter.»

Au troisième tour, elle règle ses comptes avec l'Allemande Andrea Petkovic (20e), qui l'avait battue trois fois en carrière jusque-là, mais doit s'avouer vaincue 6-3, 6-4. Cette fois, c'est la pluie qui a retardé son match de plus de quatre heures, mais Eugenie est quand même chanceuse puisque la plupart des autres joueuses devront patienter jusqu'au lundi ou même au mardi de la deuxième semaine pour disputer leur troisième match.

De plus, elle n'aura pas à affronter la favorite, Serena Williams, qui a été surprise par la Française Alizé Cornet. C'est donc cette dernière qui subit la loi d'Eugenie au quatrième tour, 7-6 (5), 7-5. À la fin de ce match très serré, le public du court central lui réserve une ovation monstre et les journalistes britanniques en font déjà la «princesse» de Wimbledon.

Elle est d'ailleurs interrogée après le match sur ses caprices et tendances royales : «Vous pouvez demander à mon entraîneur, à mes parents ou à mes proches, et ils vous diront que je peux être une princesse ! En fait, ce n'est pas si terrible. Je peux être d'humeur changeante le matin. C'est mon préparateur physique qui porte mon sac de tennis, mais c'est dans le but de ne pas me fatiguer inutilement et de conserver toute mon énergie pour les matchs. Je peux aussi demander des petites choses de temps en temps, mais c'est toujours avec amour», conclut-elle avec son plus beau sourire.

En quart de finale, Eugenie obtient encore un petit coup de pouce. Elle aurait dû affronter sa bête noire, Maria Sharapova, mais la Russe a été battue au tour précédent par l'Allemande Angelique Kerber (7ᵉ) et Eugenie se sent en confiance contre cette joueuse qu'elle a vaincue quelques semaines plus tôt à Roland-Garros. Bouchard se qualifie aisément, 6-3, 6-4, et passe en demi-finale contre Simona Halep, troisième favorite. C'est sa troisième demi-finale d'affilée en Grand Chelem – un exploit rare du côté féminin – et Eugenie veut vraiment franchir un pas de plus cette fois.

Halep a très bien fait jusque-là en 2014. Elle a atteint la finale à Roland-Garros et a remporté le titre à Doha. Elle a aussi battu Eugenie à Indian Wells et part légèrement favorite. Visiblement tendues par l'enjeu, les deux joueuses commettent plus d'erreurs que de coups gagnants. Alors que sa rivale se blesse à une cheville, Bouchard réussit à mieux contrôler la situation en deuxième manche et se sauve avec une victoire de 7-6 (5) et 6-2. Comme elle le rappelle après le match, au tennis, c'est le résultat qui compte.

« Le niveau de tennis n'était pas relevé durant tout le match. Il y a eu des hauts et des bas, mais je suis contente d'avoir pu jouer des bons points à la fin. Je suis enthousiaste, mais mon travail n'est pas fini. J'ai un autre match, je veux aller encore plus loin et il n'y aura pas de grande célébration ce soir. Gagner un Grand Chelem est mon rêve depuis que j'ai commencé à jouer au tennis de façon sérieuse. J'ai été solide depuis le début du tournoi et j'ai joué de la bonne façon sur le gazon. Ce sera difficile, mais je donnerai le meilleur de moi-même. »

Bouchard est la première Canadienne à s'être rendue aussi loin en tournoi de Grand Chelem. Elle est déjà assurée d'accéder au Top 10 mondial (7e) et de toucher une bourse de 1,6 million de dollars (880 000 livres sterling). Au Canada, ses matchs sont suivis avec intérêt et les réseaux de télévision établissent des records d'écoute pour le tennis.

« Je ne me rends pas bien compte de ce qui se passe au Canada parce que je suis dans ma bulle, de l'autre côté de l'océan », explique Eugenie quand on lui demande ce qu'elle pense de cet engouement de ses compatriotes. « J'espère simplement qu'ils sont fiers de moi. Vous savez, je joue au tennis depuis 15 ans et j'ai toujours eu dans la tête le sentiment que ces bons résultats allaient finir par arriver. Je ne suis donc pas vraiment surprise et je crois réellement que je mérite ce qui m'arrive, parce que j'ai vraiment travaillé très fort pour y arriver. C'est super d'être en finale, mais, en même temps, c'est juste une étape que je pouvais atteindre… »

En finale, le 5 juillet, Bouchard affronte la Tchèque Petra Kvitova, une véritable spécialiste du gazon qui a déjà été championne à Wimbledon en 2011. L'affaire tourne vite au cauchemar. Moins d'une heure après le début du match, tous ses espoirs se sont envolés : « C'est assurément l'un des meilleurs matchs que j'ai joués », concède la Tchèque après une victoire de 6-3, 6-0, en 55 minutes, dans l'une des plus courtes finales de l'ère moderne en Grand Chelem.

« Quand une joueuse est en feu comme ça, il n'y a pas grand-chose à faire, dit Eugenie en conférence de presse. J'ai essayé de mon mieux, j'ai tout donné, mais tout le crédit va à mon adversaire qui a joué un match incroyable. Elle était en feu. Nous savons que lorsqu'elle est en feu, elle est très difficile à battre, surtout sur cette surface. Je pense avoir bien amorcé le match, mais je n'ai plus été en mesure de jouer mon jeu par la suite. Elle m'a enlevé toutes mes chances et me mettait beaucoup de pression. Vous savez, parfois, votre adversaire joue simplement mieux que vous. C'est ce qui est arrivé… »

Il y a longtemps que Bouchard avait été dominée de cette façon. La stratégie de sa rivale était pourtant simple : profiter au maximum de son service de gauchère, l'un des plus dangereux sur le circuit féminin, surtout sur le gazon, puis attaquer continuellement sur le service de Bouchard. C'est ce qu'elle réussit à la perfection. Kvitova gagne ainsi pratiquement la moitié de ses points au service sans avoir à jouer un deuxième coup. Et elle neutralise complètement le jeu d'attaque de sa rivale, limitée à huit coups gagnants alors qu'elle n'a commis que quatre fautes directes.

Présent dans la loge de Bouchard aux côtés de Nick Saviano, Sylvain Bruneau commente : « Ce n'est pas Eugenie qui a mal joué, c'est Kvitova qui a été exceptionnelle. Elle aurait facilement battu n'importe quelle autre joueuse en jouant comme elle l'a fait. C'est ce que nous avons tous dit à Eugenie après le match, même si elle était évidemment déçue de ne pas avoir mieux fait... »

Quelques minutes après le match, en attendant la cérémonie officielle, Bouchard s'était retrouvée dans la petite salle où un graveur inscrivait le nom de Kvitova sur le célèbre trophée de la championne de Wimbledon, le Venus Rosewater Dish, une façon pour elle de réaliser à quel point elle était à la fois très près et très loin de son rêve. « Je les regardais travailler en espérant qu'ils graveront un jour mon nom quelque part. C'était un grand moment pour moi d'entrer sur le court central pour cette finale. J'ai vécu cette expérience, maintenant je sais comment on se sent. J'espère simplement avoir la chance de disputer plusieurs autres finales... »

Sur le court, quand on lui demande de dire quelques mots aux spectateurs, elle avoue : « Je ne sais pas si je mérite tout l'amour que vous m'avez donné depuis quelques jours, mais je l'apprécie beaucoup ! »

Et quand on lui rappelle qu'elle vient de toucher un chèque de 1,6 million et qu'elle va entrer dans le Top 10, elle souligne : « Je suis déçue, je veux toujours gagner. J'ai été dominée et c'est ce que j'ai ressenti après le match. Mais je garde la tête haute. Je réalise que j'ai beaucoup progressé et je suis fière de ce que j'ai accompli, pas seulement cette semaine, mais aussi toute l'année jusqu'ici. La vie est belle et je vais continuer à travailler. C'est ce qu'il faut faire, retourner au boulot. »

Bouchard se promet toutefois d'oublier le tennis pour quelques jours après une séquence de sept tournois à l'étranger. Elle est en Europe depuis près de trois mois et rentre à Montréal deux jours après la finale de Wimbledon. Accueillie à l'aéroport par de nombreux admirateurs, elle prend le temps de se faire photographier avec quelques-uns, puis part retrouver ses proches.

« Je vais passer beaucoup de temps sur mon sofa », avertit-elle.

Pendant qu'Eugenie se repose, au Canada et ailleurs on mesure l'impact de sa remarquable progression. Plus de 1,8 million de Canadiens se sont levés tôt le 6 juillet pour suivre à la télévision la finale féminine à Wimbledon, dont 717 000 téléspectateurs au réseau francophone RDS. Les clubs de tennis notent un intérêt renouvelé partout au pays et les dirigeants de Tennis Canada sont aussi fiers de voir leurs efforts récompensés qu'ils sont heureux de profiter de cette manne à quelques semaines de la Coupe Rogers.

Les spécialistes tentent d'expliquer les raisons des succès de la joueuse de 20 ans. Quelques jours après Wimbledon, nous contactons quelques anciennes championnes pour en discuter.

L'Américaine Chris Evert (18 titres en Grand Chelem) ne tarit pas d'éloges à l'endroit de Bouchard : « J'ai eu l'occasion de passer quelques jours avec elle, cet hiver, et j'ai été séduite par sa personnalité et par sa grande intelligence du tennis. Elle a cette capacité d'imposer son plan de match quelle que soit son adversaire, et aussi de s'y tenir peu importe le pointage. J'ai aussi l'impression qu'elle a un plan de carrière bien défini en tête. »

Pam Shriver, qui a gagné 21 titres du Grand Chelem en double et qui travaille comme analyste pour la télé américaine, insiste sur la difficulté de ce qu'Eugenie a accompli : « Ses performances en Australie, à Roland-Garros et à Wimbledon sont éloquentes. Il faut vraiment beaucoup de cran pour faire aussi bien dans des tournois éprouvants de deux semaines comme ceux du Grand Chelem. Et elle l'a fait trois fois d'affilée! Ce qui m'impressionne le plus, c'est sa confiance. Elle semble parfaitement à l'aise sur un court, même quand elle affronte les meilleures. On voit dans son attitude qu'elle n'a peur de rien et elle joue avec une confiance inébranlable. »

La Française d'origine canadienne Mary Pierce, ancienne championne à Roland-Garros, y va de comparaisons élogieuses : « Eugenie est encore jeune, mais elle est très ambitieuse et elle a le talent pour atteindre ses objectifs. Elle sait ce qu'elle veut et elle est prête à tout pour l'obtenir. En ce sens, elle me rappelle un peu Monica Seles ou Steffi Graf. Avec elles, il n'y avait pas de conversation, pas de social : elles avaient un boulot à faire, jouaient leur match et repartaient, le plus souvent avec la victoire. Comme Eugenie. »

Plus près de la jeune joueuse, Sylvain Bruneau note : « Ce qui frappe le plus depuis un an, c'est qu'Eugenie est une bien meilleure athlète, plus forte, capable de frapper des coups plus puissants et plus rapides sans avoir à sacrifier ses qualités athlétiques. Elle se déplace beaucoup mieux qu'auparavant grâce à sa forme physique supérieure et aussi à son expérience. »

Désormais une tête d'affiche et sûre de ses moyens, Bouchard va maintenant devoir apprivoiser une autre adversaire : la pression d'être la favorite.

JIM PARSONS,
UN AMI «POSITIF»

Eugenie Bouchard n'apprécie pas toutes les conséquences de sa célébrité, mais elle est heureuse qu'elle lui procure l'estime de certaines personnalités. C'est le cas de l'acteur américain Jim Parsons, l'interprète du Dr Sheldon Cooper dans la populaire série télé *The Big Bang Theory*. Eugenie ayant avoué son intérêt pour la série, leurs agents les ont mis en contact en 2013.
Ils ont échangé des messages pendant plusieurs mois avant que Parsons trouve le temps de venir encourager en personne sa joueuse préférée.
Il était à Wimbledon, en 2014, assistant à tous les matchs dans la loge réservée aux proches d'Eugenie en plus de passer du temps avec elle dans les salons du club. «*The Big Bang Theory* est ma série préférée et Jim est plus que mon acteur préféré, avait avoué Bouchard en point de presse. En fait, il est plus positif que tout le reste de mon équipe réunie!»

NUL N'EST PROPHÈTE À LA COUPE ROGERS

COMME ELLE L'AVAIT PROMIS, EUGENIE BOUCHARD SE COUPE complètement du tennis après Wimbledon. Elle profite de l'été à Montréal dans un condo qu'elle partage avec sa mère. Ses sœurs et son frère sont aussi là, et elle retrouve les habitudes de son enfance.

Sur Twitter, elle se dit capable de manger cinq bols de céréales d'affilée sans même s'en rendre compte et avoue sa passion pour la pâte à biscuits crue. Elle dort beaucoup, regarde la télévision et joue à des jeux vidéo avec son frère, William. Ce n'est qu'après deux semaines de congé qu'elle tombe par hasard sur la diffusion d'un match de tennis dans une boutique de vêtements de sport du centre-ville. Ses amies ont ensuite de la difficulté à l'éloigner du téléviseur.

«Je me suis dit: *Oh my God, je m'ennuie du tennis*», raconte Eugenie quelques semaines plus tard à la Coupe Rogers. Elle part donc rejoindre Nick Saviano en Floride et reprend l'entraînement. Le milieu de l'été marque une pause dans la saison de tennis, les têtes d'affiche font l'impasse sur les quelques tournois secondaires au calendrier pour ne reprendre la compétition qu'en août, souvent à la Coupe Rogers. Eugenie annonce ainsi qu'elle ne participera pas à l'Omnium de Washington, évoquant une blessure au genou droit qui l'a un peu gênée à Wimbledon.

Bien consciente de la cohue qui l'attend à Montréal, elle prolonge son séjour en Floride jusqu'à la dernière minute et ne se présente au stade Uniprix que le samedi précédant le tournoi, et sa seule présence soulève un véritable vent de folie. La joueuse de 20 ans a droit à un traitement de « star ». Deux imposants gardes du corps l'accompagnent dans tous ses déplacements, même sur les courts, et dans son ombre sa mère, Julie, veille à ce que rien ne vienne déranger sa préparation.

Chacune de ses deux sorties d'entraînement est suivie par un public nombreux et très enthousiaste. À la Coupe Rogers, l'entrée est gratuite le week-end précédant le tournoi et les familles sont nombreuses à vouloir apercevoir la nouvelle coqueluche du sport québécois. Eugenie joue le jeu et passe de longs moments à signer des autographes et à prendre des photos après ses entraînements, même si elle vient de passer près de deux heures sous un soleil de plomb à taper des balles sans relâche.

Ce n'est que le lendemain (dimanche) que l'athlète s'adresse aux médias, en même temps que les autres têtes d'affiche du tournoi. Les règles de la WTA obligent les huit têtes de série d'un tournoi à participer à des points de presse appelés « All Access » : l'une après l'autre, Maria Sharapova, Petra Kvitova, Agnieszka Radwanska, Victoria Azarenka, Jelena Jankovic et... Eugenie Bouchard viennent répondre aux questions des journalistes. Les deux autres favorites – Serena Williams (1re) et Angelique Kerber (6e) – disputent ce jour-là la finale du tournoi de Stanford et ne seront à Montréal que le lendemain.

Il y a une belle bousculade autour de la petite table à laquelle va venir s'asseoir Eugenie et les cadreurs de la télévision critiquent les conditions qui leur sont réservées. D'entrée, la Canadienne reconnaît que l'ambiance a changé : «Le public montréalais est très intense. Avec mes bonnes performances, l'attention du public et des médias est certainement plus importante qu'en 2012, lors de ma dernière visite au stade Uniprix. Et la pression est plus forte. En fait, la Coupe Rogers est sans doute le tournoi le plus important de la saison pour moi après ceux du Grand Chelem. J'essaie quand même de me préparer comme si c'était un tournoi comme les autres, de garder la même routine. Je suis d'ailleurs à l'hôtel cette semaine pour éviter les distractions.»

En quelques mois, Bouchard est passée du rang d'espoir à celui de vedette établie. Celle qui visait une place dans le Top 20 au terme de la saison a largement surpassé tous ses objectifs avec encore plusieurs mois au calendrier. «C'est sûr que j'ai dû réévaluer mes objectifs, admet-elle. La prochaine étape, c'est le Top 5, mais je veux surtout continuer de travailler afin de devenir la meilleure joueuse que je peux être. Et je dois aussi apprendre à composer avec mon nouveau statut. Le plus difficile est la gestion du temps, car il y a beaucoup plus d'obligations. Je dois apprendre à dire non.»

Quand on lui demande si le souvenir de sa finale perdue à Wimbledon la hante encore, elle répond : «J'étais bien sûr déçue d'avoir perdu, je rêve de remporter un tournoi du Grand Chelem depuis l'âge de 9 ans! Depuis, je travaille tous les jours avec cet objectif dans la tête. C'était dur de perdre après être venue si près, d'autant plus que je n'avais pas l'impression d'avoir joué mon meilleur tennis en finale. Mais après quelques jours à Montréal, j'ai compris que j'avais réussi une excellente performance à Wimbledon, et j'ai beaucoup appris de cette expérience. La défaite en finale n'a fait que redoubler ma motivation. La prochaine fois que je me retrouverai dans cette situation, je serai plus confortable. »

Quant à son genou droit, elle assure ne pas s'en inquiéter. «C'est quelque chose qui m'embêtait déjà depuis quelques semaines avant Wimbledon et les médecins m'ont conseillé de prendre quelques jours supplémentaires de congé afin de bien guérir. Le ruban protecteur que je porte à l'entraînement n'est là que par précaution. »

L'athlète doit jouer son premier match le mardi soir contre l'Américaine Shelby Rogers, modeste 113ᵉ mondiale. Les amateurs pensent déjà à un possible rendez-vous entre Bouchard et Serena Williams en quart de finale du tournoi, mais Eugenie prévient: «Je n'aime pas étudier les scénarios et tenter de savoir qui je pourrais affronter dans les tournois. En fait, je ne regarde pas vraiment le tableau. Pour l'instant, je n'ai qu'un match en tête, celui de mardi, et je préfère ne pas regarder plus loin. »

La Coupe Rogers est pour ainsi dire la «vache à lait» du tennis canadien. Ce sont les revenus du tournoi, à Montréal et à Toronto, qui financent toutes les activités de Tennis Canada, le développement des joueurs en particulier. La compétition se déroule habituellement au début du mois d'août, simultanément dans les deux villes, les hommes et les femmes alternant chaque année entre les deux.

Traditionnellement, c'est à Montréal que les foules sont les plus importantes, et le directeur du tournoi, Eugène Lapierre, est réputé pour la qualité de son organisation. On a établi plusieurs records mondiaux au stade Uniprix, et aussi bien l'ATP que la WTA (les deux organismes qui gèrent les circuits masculin et féminin) ont déjà donné le titre de « tournoi de l'année » à la Coupe Rogers. L'engouement des Québécois pour le tennis professionnel est particulièrement évident lors du tournoi féminin : les foules sont largement supérieures à Montréal (un record de 175 000 personnes en 2008) qu'à Toronto, l'écart avec le tournoi masculin (un record de 213 000 personnes en 2013) étant moins important qu'avec la Ville Reine.

En 2014, Eugène Lapierre et son équipe espèrent évidemment profiter de l'« effet Eugenie ». Depuis la performance de la joueuse à Wimbledon, la vente de billets dépasse tous les objectifs. De plus, on a dû agrandir la « Promenade du sportif », une aire du site réservée à des boutiques et à des kiosques des commanditaires. En plus des partenaires officiels du tournoi (la Banque Nationale, Rogers et Uniprix) ou de boutiques spécialisées dans les articles de tennis et de sport, on découvre cette année-là plusieurs nouveaux commanditaires attirés par la possibilité de maximiser leur visibilité.

Les cotes d'écoute du tennis n'ont jamais été aussi bonnes à la télévision, et les réseaux canadiens se disputent les droits pour la diffusion des tournois, ceux de la Coupe Rogers en particulier. Le responsable du dossier à Tennis Canada, Claude Savard, souligne d'ailleurs en marge du tournoi : « Nos ententes de cinq ans avec RDS, CBC et Sportsnet se terminent en 2015. Avec les succès des joueurs canadiens cette saison, nous sommes évidemment dans une belle situation pour négocier les prochains contrats. Avec Eugenie, on a trouvé notre Guy Lafleur. »

Tout est donc en place pour la soirée de tennis la plus attendue de l'année, mais il s'en faut de peu pour qu'elle tombe à l'eau. Une panne majeure prive en effet le stade Uniprix d'électricité en début de journée et les matchs de la soirée sont menacés. Il faut non seulement éclairer les courts, mais aussi accéder au système électronique de billetterie. L'intervention du président d'Hydro-Québec, Thierry Vandal, permet l'installation de génératrices d'urgence, mais le match d'Eugenie Bouchard est retardé d'une heure.

Et quand il commence, c'est la joueuse qui tombe en panne. Contre toute attente, Shelby Rogers remporte la première manche 6-0. Le match s'est amorcé dans la pénombre (les génératrices d'urgence ne fonctionnent pas encore) et Bouchard peine à trouver son rythme. Visiblement frustrée, elle expédie une balle loin dans la foule après un coup raté. À 5-0, Nick Saviano vient la rejoindre. Trahissant pour la première fois de l'année son inexpérience de la pression, on l'entend dire : « Je veux m'en aller ». Son entraîneur tente de la rassurer : « Je comprends, tu es un peu intimidée, c'est normal. Ce n'est qu'une manche. Concentre-toi bien sur chaque balle. Tu me comprends ? Ici, maintenant, ce jeu, ce point. »

Eugenie retrouve quelque peu ses moyens en deuxième manche et, avec l'appui d'une foule survoltée, on croit qu'elle va s'en sortir. Dans la manche décisive, elle multiplie toutefois à nouveau les fautes directes, ne se déplace plus aisément et semble retomber dans une sorte de torpeur. On la voit désemparée, la tête cachée sous une serviette, lançant des regards désespérés à son entraîneur et à ses proches. Battue 6-0, 2-6 et 6-0, elle quitte le court central dans une ambiance un peu surréaliste, saluant la foule d'un geste de la main sans même lever la tête.

«Je sentais toute l'attention du public, la pression aussi», reconnaît-elle en conférence de presse. «Bien des choses ont changé depuis le début de la saison, et je devrai m'y habituer. Je me sentais bien physiquement, mais c'était mon premier match depuis Wimbledon et je n'étais peut-être pas prête à jouer un match aussi important. Je savais que ce serait difficile de jouer ici, mais le calendrier est ainsi fait. Même si je me suis beaucoup entraînée, je n'étais pas dans la même forme que lorsque je joue plusieurs matchs.»

De son côté, Shelby Rogers n'en revient évidemment pas d'avoir triomphé face à la favorite locale. «Je sais que j'ai un peu brisé la fête, mais c'était vraiment excitant de voir un tel enthousiasme autour d'un match. C'est une victoire mémorable pour moi, avec la foule, l'enjeu... Je respecte beaucoup Eugenie. Elle n'a probablement pas joué son meilleur match, mais ce sont des choses qui arrivent dans une carrière. On gagne des matchs, on en perd...»

Quand on lui parle de la panne et du délai avant le début de son match, Eugenie dit: «C'était étrange de jouer sans bien entendre l'arbitre, sans tableau de pointage aussi, mais la situation était la même pour les deux joueuses. Elle [Rogers] a vraiment bien joué, elle était partout et retournait toutes les balles. Le public n'a jamais cessé de m'appuyer. Je suis déçue, mais c'est juste un match. J'ai quand même connu beaucoup de succès cette saison, et on ne peut gagner tous ses matchs. Ça ne m'empêchera pas d'être heureuse dans la vie!»

Le lendemain, Eugenie est de retour au stade Uniprix pour une activité promotionnelle avec l'un de ses commanditaires. Les traits tirés, elle a tout de même retrouvé le sourire et se prête de bonne grâce aux demandes des amateurs. Ses admirateurs lui ont vite pardonné et, malgré son élimination hâtive, les organisateurs vont établir un nouveau record mondial pour un tournoi de catégorie Première avec près de 182 000 spectateurs au total.

Le clan Bouchard se rend ensuite à Cincinnati, puis à New Haven, pour deux autres tournois de la US Open Series, des compétitions préparatoires au dernier tournoi du Grand Chelem de la saison, l'Omnium des États-Unis. Elle est éliminée à son premier match à Cincinnati, 6-4, 3-6, 6-2, mais offre une bonne opposition à l'expérimentée Russe Svetlana Kuznetsova (24e). À New Haven, Eugenie remporte enfin une victoire sur le ciment, 6-1, 6-1, contre Bojana Jovanovski (35e), mais s'incline face à Samantha Stosur (25e), 6-2, 6-2, après avoir subi une blessure à la jambe gauche.

Eugenie n'est donc visiblement pas dans les meilleures dispositions quand elle arrive à New York, à la fin août, pour l'un des tournois les plus importants de sa carrière jusque-là.

NEW YORK
À SES PIEDS !

Eugenie Bouchard aborde l'Omnium des États-Unis avec une immense pression sur les épaules, car les enjeux auxquels elle fait face sont multiples. L'Omnium est LE grand tournoi de l'année pour les commanditaires et les réseaux de télévision américains, le seul qui est diffusé aux heures de grande écoute dans les marchés les plus lucratifs. Alors qu'elle est déjà la grande révélation de la saison, Eugenie, ainsi que ses proches, sait qu'il s'agit d'une occasion en or pour franchir une autre étape dans sa carrière.

Disputé depuis 1881, l'Omnium des États-Unis a connu plusieurs sites et plusieurs surfaces avant de s'installer en 1978 à Flushing Meadows, dans le quartier de Queens. Le Centre national de tennis Billie Jean King – nommé ainsi en l'honneur d'une grande championne américaine – est le plus grand stade de tennis au monde et tout y est vraiment hors norme. Contrairement à Wimbledon et à Roland-Garros, tous les courts sont éclairés, et les matchs en soirée sont souvent les plus suivis. L'une des traditions de l'Omnium est d'ailleurs de voir certaines sessions se prolonger tard dans la nuit, ce qui est un peu normal à New York, une ville dont on dit qu'elle ne dort jamais.

Dans les coulisses du tournoi, le clan Bouchard va tenter de monnayer sa nouvelle popularité. Malgré ses 20 ans et demi, l'athlète s'appuie encore beaucoup sur sa mère, Julie Leclair. Cette dernière est omniprésente, parfois même à ses côtés sur les courts, comme on l'a vu pendant les entraînements de la Coupe Rogers. Mme Leclair est directement impliquée dans toutes les négociations avec les agences, mais aussi les commanditaires, les médias et même les entraîneurs. Depuis plusieurs semaines, elle et Eugenie préparent leur séjour à New York.

Avant même d'avoir disputé son premier match, Eugenie a déjà marqué plusieurs points. Le *New York Times Magazine* lui a consacré un long reportage dans son numéro spécial sur le tournoi, et la Canadienne y est présentée comme la «Tennis's Next Big Shot» (la prochaine grande étoile du tennis). Les spécialistes n'oublient jamais son nom dans leurs listes des favorites du tournoi, et elle est invitée par tous les réseaux de télévision majeurs présents à New York. Chaque sortie augmente évidemment les attentes et la pression d'un cran, mais Eugenie ne ralentit pas, sauf peut-être un peu sur les courts d'entraînement où sa blessure à la jambe la gêne encore un peu.

L'Américaine Pam Shriver, l'une des analystes vedettes du réseau ESPN, n'hésite pas à la décrire comme «The Real Thing» (une authentique grande vedette) : «Ce qu'elle a accompli cette saison en Grand Chelem est vraiment remarquable. C'est rare qu'une joueuse soit ainsi capable de se dépasser dans les grandes occasions, surtout à son âge.» Selon Shriver, les récentes contre-performances de Bouchard n'ont rien d'inquiétant, et même une défaite rapide à New York ne ternirait pas sa réputation de gagnante. « Les gens comprennent que même les meilleures ne gagnent pas toujours. C'est aussi la personnalité des vedettes qui les intéresse, et *Genie* semble déjà l'avoir très bien compris. »

La Canadienne est l'une des cinq joueuses conviées à la journée des médias, le samedi précédant le tournoi, une autre preuve de son nouveau statut avec les vedettes du tennis féminin. Eugenie ne cache pas son enthousiasme : « L'Omnium des États-Unis est vraiment *glamour*, c'est le meilleur mot pour le décrire selon moi. Et la ville est si pleine d'énergie. Les amateurs sont vraiment impliqués dans l'action. Ce sont des semaines folles, chargées, mouvementées.

« Si nous jouions dans de telles conditions toute l'année, ce serait trop, mais pour les deux semaines de l'Omnium, c'est génial ! Je crois que tous les joueurs sont excités d'être ici. Moi, je le suis certainement ! Chaque fois que je viens ici, j'agis comme si c'était la première fois. Je prends des photos, je suis comme une enfant qui veut tout voir par la fenêtre de la voiture. Je suis venue ici une bonne dizaine de fois, mais New York exerce encore un effet spécial sur moi. »

Favorisée par le programme, Eugenie ne dispute son premier match que le mardi et elle écarte aisément Olga Govorstsova (117e), 6-2 et 6-1, sous un soleil de plomb sur le court du stade Louis-Armstrong. « Le premier match est toujours difficile en Grand Chelem, et je suis vraiment contente de ce résultat, contente d'avoir brisé la glace, reconnaît-elle en conférence de presse. J'ai pu imposer mon jeu en étant agressive du fond du terrain de façon à la soumettre à beaucoup de pression. »

La victoire permet surtout à Eugenie d'oublier (et de faire oublier) ses défaites hâtives à la Coupe Rogers, à Cincinnati et à New Haven. «Les dernières semaines n'ont pas été faciles pour moi. J'aurais aimé disputer plus de matchs, mais cela n'a pas été possible, et des blessures m'ont parfois empêchée de m'entraîner. Ce n'est pas la préparation que j'aurais voulue pour ce tournoi, mais il n'y a pas vraiment de recettes pour bien préparer un tournoi du Grand Chelem. Quand je revois ma saison, je constate que c'était toujours différent en arrivant dans les grands tournois et que cela ne m'a pas empêchée d'y obtenir de bons résultats.»

La confiance est donc de retour, d'autant plus que les blessures ne semblent plus la perturber. «Cela fait plusieurs semaines que je ne me suis pas sentie aussi bien, assure-t-elle. Depuis quatre ou cinq jours, je n'ai plus de douleur au genou et à la cuisse, ce qui m'a permis de m'entraîner comme j'en avais besoin.»

Déjà impressionnée par la foule du stade Louis-Armstrong (le deuxième en importance au Centre national de tennis Billie Jean King), Eugenie a la chance deux jours plus tard de découvrir la plus grande scène du tennis, le stade Arthur-Ashe. La plupart des 23 000 sièges sont occupés pour son match contre la Roumaine Sorana Cirstea (80e). Elle s'impose plus difficilement, 6-2, 6-7 (4) et 6-4, dans un match de plus de 2 heures 10 où l'intensité des échanges est restée soutenue jusqu'à la fin.

Il est minuit trente quand Eugenie Bouchard se présente devant les quelques journalistes qui l'ont attendue. «C'est la conférence de presse la plus tardive que j'ai jamais donnée», constate-t-elle avant de raconter sa découverte du fameux stade. «C'était vraiment spécial. J'avais pu m'échauffer vers 18 h, avant l'arrivée des spectateurs, de façon à trouver mes repères, mais c'est très différent avec la foule. Et on réalise la taille du stade quand on fait nos services. Habituellement, on découvre vite le ciel quand on lance la balle; ici, on voit des gens, des gens et encore des gens avant d'arriver au ciel, tout en haut! Rien ne se compare à cela.»

La jeune femme a aussi apprécié les attentions spéciales des organisateurs et l'ambiance. «Ils ont fait jouer la musique de *Genie in a Bottle* pendant l'échauffement, et je me suis dit: *Cool, tout se passe bien jusqu'ici.* Et ils l'ont encore fait jouer à la fin du match. Il y a beaucoup plus de bruit qu'à Roland-Garros ou Wimbledon, c'est certain. C'est continuel, même pendant le jeu, et les pauses ressemblent à des partys, avec de la musique très forte et les spectateurs qui crient. Moi, ça ne me dérange pas. Si je pouvais changer quelque chose au tennis, j'aimerais que les spectateurs soient encore plus impliqués, un peu comme ils le sont ici.»

Rentrée à l'hôtel au petit matin, Bouchard est de retour sur les courts à 13 h 15 pour une séance avec toute son équipe. Sylvain Bruneau, le capitaine de l'équipe canadienne de Fed Cup qui appuie encore Nick Saviano à New York, raconte après l'entraînement: «Eugenie a progressé tous les jours depuis jeudi dernier et c'est évident qu'elle a aussi progressé entre ses deux matchs. Et c'est une bonne chose qu'elle ait été obligée de se battre contre Cirstea tôt dans le tournoi, comme elle l'avait déjà fait chaque fois en Grand Chelem plus tôt cette saison. Elle sait déjà qu'il n'y a rien d'acquis en tournoi majeur et que chaque match est plus difficile que le précédent.»

Le samedi soir, Eugenie est de retour sur le court du stade Arthur-Ashe pour affronter la Tchèque Barbora Zahlavova Strycova. Elle s'impose 6-2, 6-7 (2) et 6-4, non sans s'être encore compliqué la vie. « Cela a été une vraie bataille jusqu'au bout, avoue-t-elle. La foule a été incroyable, son énergie était extraordinaire, je n'avais jamais vécu une telle expérience sur un court de tennis. Cela m'a vraiment aidée ce soir. »

En entrevue sur le court, après le match, elle ne résiste pas à la tentation de s'adresser directement aux spectateurs : « Il y a beaucoup de vent, les papiers virevoltent partout et vous faites beaucoup de bruit... Mais je jouerais ici tous les jours si j'en avais la possibilité ! » La foule lui réserve évidemment une belle ovation, mais Eugenie sait qu'elle l'a échappé belle.

Plus tard, en conférence de presse, elle explique : « J'étais vraiment déçue de mon jeu en deuxième manche, surtout du nombre élevé de fautes directes que j'ai commises, a reconnu Bouchard. Je manquais de patience, je tentais de réussir des coups gagnants trop vite. Je me suis d'ailleurs laissé déconcentrer, j'étais frustrée par mon jeu, frustrée de lui avoir donné tant de points. »

Après deux matchs de soirée, c'est dans la journée qu'elle affronte Ekaterina Makarova (17e), une grande gauchère dont le jeu ressemble un peu à celui de Petra Kvitova. Victime d'un coup de chaleur au milieu de la deuxième manche, Eugenie doit faire appel au médecin. « Je me suis sentie mal à compter du milieu de la première manche, explique-t-elle en conférence de presse, plus de deux heures après le match. J'étais étourdie et j'avais de la difficulté à me concentrer. Ça m'était aussi arrivé dimanche à l'entraînement. En fait, je n'avais pas encore récupéré de mes premiers matchs, des deux très difficiles que j'ai disputés tard le soir en particulier. Je n'étais pas à 100 % physiquement et, même si j'ai fait de mon mieux, cela n'était pas suffisant aujourd'hui.»

Battue 7-6 (2) et 6-4, Eugenie a offert l'une des performances les plus courageuses de sa carrière. Elle assure n'avoir jamais pensé rentrer au vestiaire : «Je ne suis pas comme cela. Je ne voudrais jamais abandonner un match et je ne l'aurais sûrement pas fait aujourd'hui.»

Dans la loge réservée aux proches des joueuses, la mère de Bouchard suivait évidemment la situation avec intérêt. «Je n'étais pas vraiment inquiète pour sa santé, explique Julie Leclair en coulisses de la conférence de presse. Elle était avec un médecin et elle savait ce qu'elle avait à faire. Là, elle vient de passer deux heures avec les médecins. Elle a dormi un peu, mangé aussi et va beaucoup mieux. Elle va maintenant pouvoir se reposer.»

Aussi présent au fond de la salle de conférence, l'entraîneur Nick Saviano reconnaît qu'Eugenie n'a pas eu une préparation adéquate, évoquant les blessures et toutes les activités promotionnelles auxquelles la joueuse s'est prêtée dans le cadre du tournoi et de la Coupe Rogers, quelques semaines auparavant.

«Elle ne s'est pas préparée comme elle l'avait fait avant Roland-Garros ou Wimbledon, explique-t-il. Les blessures l'ont empêchée de s'entraîner et le manque d'entraînement l'a plongée dans une séquence de défaites. Nous avons tenté de prendre les bouchées doubles ici, mais c'était trop tard, trop dur physiquement aussi avec la chaleur et l'humidité. *Genie* est une guerrière, et il en faut beaucoup pour qu'elle avoue ne pas se sentir bien. Aujourd'hui, on voyait qu'elle était mal en point physiquement, ses jambes ne suivaient pas, ses gestes étaient hésitants. Son mental lui disait encore de se battre et elle a eu ses chances, mais c'est impossible de se concentrer à 100 % quand le corps, lui, n'est pas à 100 %. »

Eugenie, qui tentait de devenir la première à atteindre les quarts de finale des quatre tournois de Grand Chelem depuis Serena Williams en 2009, avait un peu retrouvé son aplomb devant les journalistes. « Je suis déçue d'avoir perdu, je le suis toujours, mais je n'avais pas d'attentes trop élevées pour ce tournoi après les semaines difficiles qui ont suivi Wimbledon. L'Omnium des États-Unis a été une expérience différente, avec des matchs en soirée très excitants, mais aussi très exigeants physiquement.

« J'ai quand même atteint le quatrième tour et la deuxième semaine d'un autre tournoi du Grand Chelem. Je ne veux pas faire un bilan alors que la saison n'est pas terminée et que j'ai encore des tournois importants devant moi en Asie, mais je suis fière de constater que j'ai réalisé de grands progrès, aussi bien comme joueuse que comme personne. »

LES DÉFIS

JACO

FORFAITS, DÉFAITES ET SÉPARATION

EUGENIE RESTE À NEW YORK APRÈS SON ÉLIMINATION À l'Omnium des États-Unis. Elle assiste à des défilés de mode et à un match des Yankees, la célèbre équipe de baseball, n'hésitant pas à publier ses photos dans les médias sociaux. Le problème, c'est qu'elle est attendue à Hong Kong!

Les organisateurs de l'Omnium Prudentiel avaient obtenu son accord pendant le tournoi de Roland-Garros, et le visage d'Eugenie apparaissait déjà sur les affiches promotionnelles de l'événement à Hong Kong. Le stress et la fatigue des dernières semaines ont toutefois éprouvé la joueuse et elle déclare forfait le 6 septembre, trois jours après sa défaite à New York, mais seulement deux jours avant le début de la compétition en Asie.

Le directeur du tournoi, Herbert Chow Siu-lung, est furieux. Il critique sévèrement Bouchard dans les médias locaux: «Nous sommes très déçus de sa décision. Elle ne nous a avertis qu'à la dernière minute alors qu'elle savait depuis plusieurs jours. Ses affiches sont partout en ville, et elle nous a laissé tomber en décidant de ne pas honorer ses engagements. Si elle était blessée, nous comprendrions et lui souhaiterions un prompt rétablissement, mais elle est simplement fatiguée. Elle savait en s'engageant avec nous qu'elle jouerait beaucoup cet été et qu'elle serait ensuite fatiguée. Elle aurait donc dû tenir parole. »

Techniquement, Eugenie n'est pas en faute puisque le fait de demander un laissez-passer ne l'engageait pas officiellement à être présente au tournoi. La WTA met d'ailleurs le directeur du tournoi à l'amende pour avoir brisé le code de conduite du circuit féminin en la critiquant publiquement et sévèrement, mais l'affaire n'améliore pas la réputation de la Canadienne.

Eugenie ne reprend finalement la compétition que trois semaines après son dernier match à New York, à Wuhan, en Chine. Sixième favorite du tournoi, elle bat successivement Mona Barthel (55e), Alison Riske (67e), Alizé Cornet (21e) et Caroline Wozniacki (7e) pour ensuite affronter en finale Petra Kvitova. Trois mois après la « débâcle » de Wimbledon, Bouchard aimerait prendre sa revanche.

« J'espère pouvoir être en mesure d'imposer mon jeu davantage au lieu d'être bousculée un peu partout sur le court, estime-t-elle. Je ne m'étais pas imposée suffisamment à Wimbledon et c'est elle qui avait contrôlé les points tout au long du match. J'ai besoin d'une revanche et je vais vraiment essayer très fort de l'obtenir. »

Moins dominante, Kvitova n'en contrôle pas moins la situation et elle s'impose 6-3, 6-4, après avoir brisé le service de Bouchard au début de chaque manche. Bien moins déçue qu'à Wimbledon, Eugenie souligne qu'elle vient de connaître son meilleur tournoi depuis le début de l'été : « J'ai connu une bonne semaine et je suis contente de mon jeu. Cela fait deux fois qu'elle [Kvitova] me bat en finale cette année, mais je finirai bien par trouver une façon de la vaincre…»

La Canadienne est d'autant plus satisfaite qu'elle est maintenant pratiquement assurée de participer au Championnat de la WTA à la fin de la saison, à Singapour. Alors qu'elle espérait au début de l'année y être avec les «espoirs», elle va plutôt retrouver les sept autres joueuses du Top 8 mondial, une touche finale inespérée au terme d'une saison exceptionnelle. Blessée à une jambe quelques jours avant le Championnat dans un tournoi secondaire, en Autriche, elle n'est pas au sommet de sa forme quand elle arrive à Singapour, et cette compétition s'avère un véritable chemin de croix pour Eugenie.

Bouchard n'en est pas moins d'abord heureuse de partager l'attention avec les Serena Williams, Maria Sharapova, Petra Kvitova, Simona Halep, Agnieszka Radwanska, Caroline Wozniacki et Ana Ivanovic, toutes des vedettes établies et plus âgées auxquelles elle a fait beaucoup d'ombre tout au long de la saison. Plusieurs cérémonies sont prévues à Singapour avant la compétition, et les huit finalistes rivalisent déjà d'élégance sur le podium où elles sont présentées au public et aux médias locaux. En coulisses, l'ambiance est aussi compétitive. Sur une photo publiée sur le site de la WTA, on les voit assises l'une à côté de l'autre, juste avant la présentation, la plupart les yeux fixés sur l'écran de leur téléphone cellulaire.

Sur le court, les anciennes remettent d'ailleurs vite les pendules à l'heure. Opposée dans son groupe à Halep, à Ivanovic et à Williams, Eugenie subit trois raclées et n'enlève qu'un total de 11 jeux. Depuis l'adoption de la formule actuelle du tournoi, en 2003, il s'agit de la pire performance de toutes les joueuses qui se sont qualifiées. Pendant son match contre Ivanovic, alors qu'elle a demandé la venue de Saviano, on l'entend dire à l'entraîneur : « Pourquoi suis-je venue jouer dans ce tournoi ? »

Après sa dernière défaite, la plus sévère – 6-1, 6-1 – contre Williams, visiblement dépassée par la tournure des événements, elle dit en conférence de presse : « Avant le tournoi, j'avais écrit sur Twitter que c'était un peu comparable aux *Hunger Games*. Mais quand je suis entrée sur le court la première fois, avec la grande présentation des joueuses et les feux d'artifice, j'ai pensé : *C'est vraiment comme les Hunger Games !* J'avais raison ! Oui, on entre sur le court et une seule personne reste debout à fin, comme marcher vers sa propre mort... C'était vraiment intense. »

Plus sérieusement, Eugenie avoue : « J'ai beaucoup appris cette semaine. J'ai appris sur moi-même, sur ce que c'était d'évoluer au plus haut niveau du sport professionnel, jouer de gros matchs, jouer contre les grandes joueuses, avoir à composer avec la pression qui vient après les succès, des choses comme ça. Et je sais que j'ai encore tellement de choses à apprendre, tellement de choses à améliorer. Je jouais contre la meilleure joueuse du monde aujourd'hui et je me suis fait botter le derrière, mais j'ai quand même eu du plaisir. Cela m'a motivée à essayer d'être meilleure et j'ai vu combien je pouvais devenir meilleure dans plusieurs secteurs de mon jeu. »

Cette fin de saison décevante amène Bouchard et ses proches à s'interroger sur les façons d'aller de l'avant. Excellente en Grand Chelem tout au long de l'année (19 victoires et quatre défaites), elle n'a pas eu les mêmes succès dans les 19 autres tournois qu'elle a disputés (22 victoires et 20 défaites). Et même si elle a atteint le cinquième rang du classement mondial juste avant le Championnat de la WTA – un sommet dans l'histoire du tennis canadien –, cette compétition a permis de réaliser le fossé qui la sépare encore des quatre ou cinq meilleures joueuses du monde.

De retour à Montréal, Eugenie et sa mère rencontrent les dirigeants de Tennis Canada pour discuter des améliorations possibles dans son équipe. Aussi en négociations avec les plus grandes agences sportives du monde – le contrat de Bouchard avec l'agence Lagardère a pris fin –, le duo reçoit de nombreuses propositions et étudie les scénarios. Plusieurs proches déconseillent à Eugenie de procéder à des changements trop radicaux. La saison a quand même été très fructueuse, et les honneurs s'accumulent en fin d'année au moment de choisir les meilleurs athlètes de 2014 au Canada.

La première décision en surprend donc plusieurs : Bouchard et son entraîneur, Nick Saviano, ne travailleront plus ensemble. Après plus de huit ans de «cohabitation», la relation était devenue plus tendue. Eugenie n'était évidemment plus la fillette de 12 ans qui était débarquée un beau matin à l'Académie de Sunrise, et Saviano avait maintenant de la difficulté à diriger une jeune femme en quête d'indépendance.

À Roland-Garros, la veille de la demi-finale contre Maria Sharapova, on avait eu droit à une discussion animée entre Eugenie et son entraîneur sur un court d'entraînement. À la fin, elle avait lancé : «Je n'ai pas le droit de donner mon opinion ?» Et Saviano de répliquer : «Non! Pas de cette façon.» Quelques coups plus tard, encore frustrée, Bouchard décidait qu'elle en avait assez, frappait une balle dans les gradins et quittait le terrain.

Même si Saviano avouait alors avoir vu pire en Floride, la scène étonnait tous les témoins et décevait probablement plusieurs fans. On avait encore pu surprendre quelques échanges mémorables par la suite grâce aux micros que doivent porter les entraîneurs pendant les matchs. Au-delà des mots, on voyait depuis le milieu de l'été que le courant passait moins bien entre la joueuse et son entraîneur.

À New York, nous les avions côtoyés pendant une dizaine de jours, et la tension était palpable. Saviano n'avait d'ailleurs pas accompagné Eugenie en Asie et en Autriche pour les tournois de Wuhan, de Pékin et de Linz, ne la rejoignant qu'à Singapour en toute fin de saison. Ces absences de l'entraîneur (il continuait à diriger son académie en Floride), bien que prévues dans leur entente, embêtaient visiblement de plus en plus le clan Bouchard. En même temps, ses présences n'avaient plus les mêmes effets bénéfiques que quelques mois auparavant.

Le 24 novembre, c'est Saviano qui annonce officiellement leur séparation. Dans un communiqué, l'entraîneur écrit : « Genie et moi avons décidé qu'il était mieux pour nous de mettre fin à notre relation joueuse-entraîneur et d'aller dans des directions différentes en 2015. Aider Genie à passer d'une ambitieuse joueuse de 12 ans à la cinquième meilleure du monde a été un cheminement excitant. Voyager avec elle à tous les tournois majeurs de la dernière année a été une expérience merveilleuse et me laisse des souvenirs que je vais chérir toute ma vie. Je n'ai aucun doute que Genie va accomplir de grandes choses et je ne lui souhaite que la meilleure des chances. »

Au printemps 2016, Saviano est revenu sur le sujet dans une entrevue : « Elle a vraiment connu une saison exceptionnelle en 2014 et j'ai même cru qu'elle pourrait gagner un tournoi du Grand Chelem. Elle est venue bien près de réussir, encore plus que les gens peuvent le soupçonner. Mais à la fin de la saison, nous avions atteint un point où notre entente ne fonctionnait plus aussi bien. Comme je l'avais écrit à l'époque, il s'agissait vraiment d'une décision mutuelle. Je peux ajouter aujourd'hui que j'avais une part égale à celle d'Eugenie dans les raisons qui nous ont amenés à prendre cette décision à l'époque. Vous savez, on ne travaille jamais seulement avec une athlète. On a affaire à des êtres humains à qui on doit aussi enseigner des leçons qui vont les aider à l'extérieur du sport. Et à la fin, on ne peut qu'espérer que nos élèves vont tirer avantage des outils et de valeurs que nous avons tenté de leur inculquer… »

Eugenie se retrouve donc sans entraîneur à la fin de l'automne au cours d'une période pourtant très importante dans la préparation des joueuses de tennis. C'est pendant ces quelques semaines, libérées de l'obligation de participer à des compétitions et de voyager partout sur la planète, que les athlètes effectuent une grosse partie de leur préparation physique tout en testant des changements dans leurs styles de jeu.

Jusque-là dans la carrière de Bouchard, les entraîneurs se sont succédé à un rythme soutenu, l'une des constantes de sa progression ayant justement été cette volonté de toujours être mieux entourée en intégrant de nouveaux conseillers et de nouvelles visions. Eugenie ne représente d'ailleurs pas une exception dans ce domaine. C'est plutôt le contraire qui est rare : la plupart des joueuses travaillent avec plusieurs entraîneurs au cours de leur carrière et les meilleurs entraîneurs travaillent avec plusieurs joueuses.

On passe vite en revue la liste des candidats, et si certains sont disponibles, plusieurs n'ont pas nécessairement envie de s'engager à temps plein. En fait, Eugenie a déjà reçu des propositions d'entraîneurs respectés par personnes interposées et, selon l'une d'entre elles, Eugenie avait déjà quelqu'un en vue quand elle a cessé de travailler avec Saviano. Sans qu'on sache pourquoi, les deux parties ne se sont pas entendues et la joueuse se serait alors contentée d'une solution « temporaire ».

Le départ de Saviano a aussi entraîné celui du Britannique Tom Burn, qui avait été le partenaire d'entraînement d'Eugenie tout au long de sa série de succès en 2014. Du trio qui l'encadrait sur les courts et au gymnase, il ne reste que Scott Byrnes, son préparateur physique, qui partira lui aussi quelques mois plus tard. Elle fait donc appel à l'Argentin Diego Ayala, qu'elle connaît depuis longtemps puisqu'il travaillait à l'Académie de Saviano. C'est d'ailleurs lui qui l'accompagnait au Costa Rica, en 2008, quand elle a remporté son premier titre international. Ancien joueur étoile dans les rangs universitaires américains (à l'Université de Miami), Ayala a été brièvement l'entraîneur de la Serbe Jelena Jankovic.

Le tennis est un peu relégué au second plan en cette fin d'année 2014. Eugenie et sa mère s'appliquent à régler les derniers détails d'une entente déterminante pour sa carrière et son avenir financier.

DE #GENIEBOUCHARD À EUGENIE BOUCHARD INC.

La popularité d'un joueur ou d'une joueuse de tennis tient évidemment à ses succès sur les courts, mais aussi à un ensemble de facteurs qui n'ont souvent rien à voir avec les qualités athlétiques ou techniques.

Même si le tennis est l'un des sports où l'écart entre le traitement des athlètes des deux sexes est le moins grand, le « milieu » du tennis est encore très sexiste et accorde beaucoup d'importance à la beauté et au style, particulièrement chez les femmes. On demande ainsi régulièrement aux joueuses de prendre part à des défilés de mode avant les tournois, on s'attend à ce qu'elles soient toujours tirées à quatre épingles en entrevue devant les caméras de télévision et on lance des campagnes promotionnelles sophistiquées – avec des séances de photos dignes des top-modèles – pour les lignes de vêtements de sport des têtes d'affiche.

La popularité des joueurs et joueuses tient aussi aujourd'hui à un rapport plus direct avec les amateurs en raison de l'importance croissante des médias sociaux. Certaines joueuses n'hésitent pas à embaucher des firmes spécialisées pour gérer leur page Facebook ou leurs comptes Twitter et Instagram. D'autres, telle Eugenie, le font en grande partie elles-mêmes, et les amateurs apprécient la spontanéité qu'elles affichent.

Les athlètes doivent aussi se montrer disponibles pour le public. On a vu combien Eugenie avait été impressionnée, en 2012, quand son idole Roger Federer avait passé une bonne partie du Bal des champions de Wimbledon à signer des autographes et à poser avec tous ceux qui le lui demandaient. Eugenie et Filip Peliwo, aussi champion junior cette année-là, en avaient eux-mêmes profité et la joueuse avait retenu la leçon.

En 2014, tout au long de sa progression vers le Top 5 mondial, Eugenie s'est bâti une impressionnante base de partisans en tirant profit de tous ces facteurs. On a déjà énuméré ses succès sur les courts, mais ceux-ci prennent une signification encore plus grande quand on réalise tout ce qu'elle a accompli en parallèle.

Bien servie par son physique, la jeune femme a multiplié les séances de photos pour les magazines de mode. On l'a ainsi vue à la une de *Elle Québec* et de *Chic*, et ses photos ont aussi été publiées dans *Vogue* et d'autres publications réputées. Le manufacturier d'articles de sport Nike l'a mise en vedette dans plusieurs campagnes aux côtés de Maria Sharapova et de Serena Williams.

Eugenie est aussi vite devenue une vedette des médias sociaux. Elle a publié ses photos avec beaucoup de candeur, au risque parfois d'en choquer certains, mais la recette a fonctionné puisque ses fans sont de plus en plus nombreux. Elle a passé la barre des 500 000 admirateurs sur Facebook en mai 2014 ; à la fin de l'année, elle était tout près du million.

Lors des compétitions, la Canadienne a aussi été l'une des plus assidues aux activités promotionnelles de la WTA. Le circuit féminin cherche en effet à exploiter les nouveaux médias pour augmenter son audience et demande à ses joueuses de participer à des séances d'entrevues et de photos avec les amateurs, à des clavardages ou même à des concours et autres activités plus ludiques. Eugenie s'y prête toujours de bonne grâce et en profite pour devenir encore plus populaire.

Les commanditaires se sont aussi intéressés à elle. En mai 2014, Eugenie est devenue la représentante de Coca-Cola au Canada. Le vice-président de la compagnie, Michael Samoszewski, affirme alors : « Son attitude tant sur les courts qu'à l'extérieur démontre une santé et une joie de vivre qui en font une source d'inspiration pour tous les Canadiens et une excellente collaboratrice pour nous. »

À la fin de l'été 2014, Eugenie a aussi des contrats avec Babolat (raquette), Nike (vêtements), Rogers, Usana (suppléments alimentaires) et Pinty's (poulets surgelés). Pour l'instant, toutefois, cela ne se traduit pas encore par des revenus aussi importants que ceux de Sharapova, de Williams et d'autres joueuses qui gagnent beaucoup plus d'argent à l'extérieur que sur les courts. La qualification de Bouchard pour la finale de Wimbledon lui a offert une formidable visibilité, mais sa défaite l'a privée d'une occasion en or d'accéder d'un coup à un statut rarement atteint au tennis féminin.

Bouchard est alors représentée par l'agence Lagardère Unlimited, et son agent, Sam Duvall, a refusé plusieurs offres durant l'année dans l'espoir que la joueuse puisse obtenir davantage en fin de saison, quand elle aurait atteint ses objectifs.

L'exemple du contrat d'Eugenie avec Nike illustre bien l'importance du «momentum», du «timing» dans les négociations avec de gros commanditaires. En 2012, le géant américain avait ajouté la joueuse canadienne à sa longue liste d'athlètes joueurs de tennis, profitant du fait qu'Adidas avait décidé de ne pas renouveler l'entente signée avec elle quand elle était encore adolescente. Le nouveau contrat était de trois ans (jusqu'à la fin de 2014), mais les dirigeants de Nike ont tenté de le renouveler en janvier 2014, en Australie, avec évidemment une forte hausse de salaire. Le clan Bouchard a refusé la proposition ainsi qu'une autre, plus tard dans la saison, dont la valeur aurait pu atteindre au moins 15 millions pour cinq ans selon certaines sources. Les vedettes de Nike touchent encore davantage – (on évalue à 70 millions le contrat de 10 ans de Maria Sharapova signé avant l'annonce récente d'un test antidopage positif de la Russe) – et l'agent de Bouchard croyait pouvoir faire encore monter les enchères.

La stratégie de Lagardère omettait seulement un petit détail: le contrat d'Eugenie avec l'agence prenait fin le 7 octobre 2014. Tout au long de l'année, plusieurs grandes agences avaient déjà contacté Julie Leclair, la mère d'Eugenie, pour discuter affaires. Et ce sont les agents les plus en vue – Jill Smoller (Serena Williams), Max Eisenbud (Maria Sharapova) ou Tony Godsick (Roger Federer) – qu'on voyait rôder autour d'elle à Wimbledon ou à New York.

Le site spécialisé *Sport Business Journal* rapportait d'ailleurs pendant l'Omnium des États-Unis que les négociations portaient apparemment sur deux points: le pourcentage de commission de l'agence et le rôle que jouerait Mme Leclair. Selon le site, l'agence WME-IMG était disposée à descendre sous la barre habituelle des 10 % en commission sur les contrats de commandites, les sorties promotionnelles et les matchs de démonstration, tout en offrant un poste bien rémunéré à la mère d'Eugenie au sein de son équipe.

Godsick, un ancien d'IMG qui venait de créer une petite agence haut de gamme avec Federer et deux associés, n'avait que deux autres clients, Juan Martin Del Petro et Gregor Dimitrov, et cherchait à embaucher une joueuse de premier plan. Il était toutefois très réticent, selon plusieurs sources, à réduire le pourcentage de commission ou à offrir un poste à Mme Leclair. Lagardère Unlimited semblait avoir abandonné la partie.

Ce n'est finalement qu'au début du mois de décembre, après que les avocats des deux parties eurent complété la rédaction du contrat, que l'agence WME-IMG confirmait l'arrivée de Bouchard. Les détails de l'entente restaient secrets, mais c'était bien la réputée Jill Smoller (qui restera aussi l'agente de Serena Williams) qui allait diriger l'équipe de « management » d'Eugenie. L'Américaine de 50 ans, une ancienne joueuse professionnelle, a été l'une des premières femmes à représenter des athlètes masculins de premier plan – le joueur de tennis Pete Sampras ainsi que les joueurs de la NBA Dennis Rodman et Kevin Garnett, par exemple. Elle a aussi travaillé avec la golfeuse Michelle Wie, les sprinteuses Allyson Felix et Florence Griffith-Joyner, sa première cliente.

Dans un communiqué, la direction de WME-IMG écrivait : « *Genie* offre une rare combinaison de talent, de caractère et de charisme qui lui permet de transcender le sport. Nous allons lui offrir des occasions et des partenariats dans les domaines du tennis, du marketing et du mannequinat qui l'aideront à atteindre de nouveaux niveaux de succès, aussi bien sur les courts qu'à l'extérieur.» L'athlète signait d'ailleurs en parallèle une entente avec IMG-Models, une division de l'entreprise qui se spécialise dans la mode, et elle se réjouit à l'idée de maximiser la valeur de sa «marque».

Tout était donc désormais en place pour qu'Eugenie puisse franchir une étape significative dans sa carrière. Elle est d'ailleurs nommée quelques mois plus tard «l'athlète la plus vendable du monde» (*the world's most marketable athlete*) par le site spécialisé *SportsPro*, devançant au classement le joueur de soccer brésilien Neymar (da Silva Santos Junior) et le golfeur américain Jordan Spieth. Dans l'article qui lui était consacré, le site soulignait que Bouchard avait ce qu'il fallait pour succéder éventuellement à Sharapova et à Williams en tant que tête d'affiche du sport féminin le plus populaire et le plus rentable sur la planète. On notait aussi que son utilisation des médias sociaux lui permettait de joindre une clientèle plus jeune qui échappe souvent aux stratégies traditionnelles de marketing. En ce sens, *SportsPro* estimait qu'Eugenie personnifie «une nouvelle génération de champions sportifs» et qu'elle est «une ambassadrice de choix pour le circuit féminin.»

En entrevue en mai 2015, l'éditeur de *SportsPro*, Eoin Connolly, affirme qu'«Eugenie Bouchard a démontré la saison dernière qu'elle est une athlète avec un formidable potentiel capable d'établir une véritable connexion avec ses partisans. Elle est déjà l'une des meilleures joueuses du circuit et possède un rare talent pour rejoindre les amateurs. Elle est non seulement active dans les médias sociaux, mais elle échange directement avec les amateurs de tennis et avec ses partisans des messages significatifs. Cela lui permet d'être particulièrement pertinente dans le paysage sportif actuel et c'est la raison pour laquelle elle est selon nous cette année l'athlète la plus intéressante au monde pour d'éventuels commanditaires. »

Même l'athlète « la plus intéressante du monde » doit appuyer ses prétentions financières par de bonnes performances sur les courts. En 2015, Eugenie va encore devoir apprivoiser une nouvelle situation : répéter ses succès de la saison précédente et défendre sa place au classement. Jusque-là dans sa carrière, elle n'a jamais que progressé.

Même les meilleures joueuses s'y sont cassé les dents et le circuit féminin compte plusieurs athlètes qui ont connu des carrières en dents de scie, passant du Top 10, parfois même du sommet du classement, au 30ᵉ, 40ᵉ ou même 50ᵉ rang. Déjà, à la fin de 2014, la pression a semblé prendre le dessus sur Eugenie. Ses performances à la Coupe Rogers, puis dans les tournois de fin de saison, ont été très décevantes. Des blessures l'ont ralentie, certes, mais elle a eu de la difficulté à s'en remettre. Comment, dans ces circonstances, pourra-t-elle concilier sa carrière sportive et ses nouvelles activités commerciales ?

En mai 2015, à l'approche du tournoi de Roland-Garros, plusieurs analystes du réseau ESPN ont abordé la question au cours d'une conférence téléphonique. Patrick McEnroe, qui est aussi bon communicateur que son frère John, a fort bien résumé la situation : « Ce qu'Eugenie vit présentement est semblable à ce que d'autres jeunes athlètes vivent dans d'autres sports. Réussir un gros coup d'éclat, accomplir quelque chose de spécial et devoir composer avec cela par la suite.

« Elle a atteint la finale à Wimbledon, les demi-finales à Roland-Garros ; elle a connu une première moitié de saison exceptionnelle. Le plus grand défi pour ces jeunes athlètes est de trouver l'équilibre entre la célébrité et la réussite. Sharapova, à laquelle Eugenie a été comparée, a gagné plusieurs tournois majeurs, elle a gagné des tonnes de tournois dans sa carrière. C'est après qu'elle a développé son marketing, sa marque – c'est le nouveau mot à la mode pour les jeunes athlètes, ils veulent tous leur *marque*. Mais il faut être prudent et éviter que cela ne devienne hors de contrôle trop rapidement, spécialement dans le tennis où cela s'est produit assez souvent.

« C'est différent dans les sports d'équipe, a poursuivi McEnroe. Au basketball, par exemple, certains joueurs peuvent être de très grands athlètes avec leur *marque*, même si leur équipe perd tout le temps. Mais, au tennis, quand tu essaies de transcender ton sport pour devenir une *marque*, tu as intérêt à remporter plusieurs tournois avant d'en parler. Je ne blâme pas Eugenie, je blâmerais plutôt les gens qui l'entourent. Ce sont eux qui doivent établir les priorités et lui permettre de se concentrer sur ce en quoi elle est bonne, c'est-à-dire devenir une très, très, très bonne joueuse de tennis. »

«LA MODE EST IMPORTANTE POUR MOI!»

En exagérant un peu, on dirait qu'Eugenie Bouchard a connu presque autant de succès comme mannequin que comme joueuse de tennis en 2014. L'un de ses reportages photo les plus publicisés a été publié l'été suivant dans le magazine *Flare*. Elle y dit notamment: «La mode est importante pour moi. Les courts sont un peu des scènes où j'exprime mon style personnel. [...] Je ne pense pas que ce soit sexiste de penser ainsi, je suis une fille et je me préoccupe de ce dont j'ai l'air, tout comme je me préoccupe de ce que je porte. Nous sommes des femmes et nous pouvons faire du sport et être dures sur les courts tout en ayant un côté féminin, aimer la mode et toutes ces choses. Je trouve que c'est bien que nous puissions être davantage que juste des joueuses de tennis.»

Photo : Nike Corp.

DE BELLES RETROUVAILLES AVEC LA «GENIE ARMY»

Eugenie Bouchard se retrouve de nouveau en Australie pour amorcer l'année 2015 et elle participe à la Coupe Hopman, une compétition hors circuit qui réunit huit équipes nationales. Avec son compatriote Vasek Pospisil, elle va affronter les États-Unis, l'Italie et la République tchèque. Une conférence de presse est organisée avant le tournoi sur une plage de Perth, un signe de la décontraction dans laquelle la Coupe Hopman est disputée.

«C'est ici que j'avais amorcé une année merveilleuse en 2014 et je garde d'excellents souvenirs de Perth et du tournoi, dit-elle à cette occasion. J'aime vraiment la formule de ce tournoi. C'est à la fois amusant et très intense, une excellente façon de reprendre la compétition. Nous sommes assurées de disputer au moins trois matchs même si on perd le premier, et le niveau des joueuses est vraiment très fort cette année.

« L'année dernière, j'avais pu jouer plusieurs matchs intenses contre des rivales de fort calibre. Je vais notamment affronter Serena [Williams], qui est selon moi la meilleure joueuse de tous les temps. J'ai déjà joué quelques fois contre elle et c'est toujours excitant de le faire. On ne peut guère demander mieux comme préparation à un tournoi du Grand Chelem. C'est ce que j'avais senti l'an dernier et c'est la raison pour laquelle je suis revenue cette année. Ce qui est bien, c'est que la surface est la même ici, les balles aussi. Même le court principal rappelle celui du stade Rod Laver à Melbourne. »

Malgré son optimisme, Eugenie n'a plus joué depuis le Championnat de la WTA à Singapour, à la fin octobre, où elle avait subi trois défaites difficiles en autant de matchs. Elle n'a toujours pas remplacé l'entraîneur Nick Saviano et tout le monde s'interroge sur sa forme. « Singapour a été une leçon pour moi, estime-t-elle. Je n'étais pas aussi bien préparée que je l'aurais voulu. Je crois que cela va m'aider à mieux planifier la prochaine saison en choisissant bien mes tournois, peut-être en jouant un peu moins aussi, de façon à demeurer en santé et en bonne forme. »

Et la pression de répondre aux attentes énormes de ses partisans ? « Pour moi, 2015 est un nouveau départ, ce que j'ai accompli l'an dernier ne veut plus rien dire, insiste-t-elle en entrevue. Je devrai jouer mon match de premier tour aux Internationaux d'Australie comme toutes les autres joueuses, et je devrai me battre de toutes mes forces pour jouer de mon mieux et espérer l'emporter. Et ce sera la même chose tout au cours de la saison.

« Je veux me servir de l'expérience acquise l'an dernier, en Grand Chelem en particulier, mais je ne me laisserai pas déconcentrer par mes résultats de 2014 ou par l'obligation de défendre mes points, mon classement et toutes ces choses. Ce n'est pas ma mentalité. »

Après de belles victoires contre Williams et l'Italienne Flavia Pennetta, Eugenie est de retour à Melbourne, là où elle avait amorcé sa série remarquable en Grand Chelem la saison précédente, et son charme produit encore le même effet. Elle est l'une des quatre vedettes du *Kids Day* (avec Roger Federer, Ana Ivanovic et Nick Kyrgios), le samedi avant la compétition, sur le court du stade Rod Laver.

Pour son encadrement sur le plan technique, elle est accompagnée de l'entraîneur et partenaire d'entraînement Diego Ayala, de Sylvain Bruneau et du préparateur physique Scott Byrnes, la seule présence stable à ses côtés depuis plusieurs années.

Bouchard amorce le tournoi contre la modeste Anna-Lena Friedsman (98e) et remporte une victoire confortable, 6-2, 6-4. « Je suis assurément plus fraîche mentalement. Je n'avais pas joué de match officiel depuis deux mois et demi, et ça a donné à mon cerveau une pause dont il avait bien besoin, rappelle-t-elle après le match. Je suis à nouveau excitée de jouer. Je me sens bien mentalement sur le court. Je suis vraiment prête à me battre et à laisser toutes mes énergies sur le court. Je ne ressens aucune fatigue, un autre signe que la pause entre les saisons a été bénéfique. Je suis excitée par cette nouvelle saison qui débute ! »

Eugenie est d'autant plus souriante qu'elle a retrouvé sa fameuse armée d'admirateurs, toujours fidèle au rendez-vous un an après l'avoir découverte. « Je me souviens avoir été très surprise, il y a un an, en arrivant sur le court 15, à l'autre bout du complexe, raconte-t-elle. J'ai marché sur le court et j'ai entendu ces cris et ces chants. En levant la tête, j'ai aperçu tous ces gars avec les lettres G-E-N-I-E sur leurs chandails. Ça m'a rendue très nerveuse. Je me suis dit que je devais gagner pour eux, après tous leurs efforts, que je ne pouvais perdre au premier tour! C'était vraiment *cool* de découvrir un tel appui, et ça le reste aujourd'hui. Même quand je perds, ils continuent de chanter et de m'encourager. Ils sont presque plus positifs que moi!» Quand on lui demande sa chanson préférée, Bouchard répond, un peu gênée: «Celle où ils disent: *Genie est Hot, Hot, Hot!*» avant d'éclater de rire.

Après sa victoire au deuxième tour contre la Belge Kiki Bertens (72e) 6-0, 6-3, elle évalue la performance de sa «Genie Army»: «Ils avaient vraiment beaucoup d'énergie ce soir. Ils ont bien joué. Ils étaient parfois agressifs et ont manifesté leur présence aux bons moments. Cela rend toute l'expérience encore plus excitante. Les autres spectateurs ont d'ailleurs semblé l'apprécier. Pendant l'échauffement, il y avait aussi la chanson *Shake it off* de Taylor Swift qui jouait et ça me faisait rire. J'avais presque envie de me mettre à chanter, mais je me suis dit que ce serait préférable de me retenir!»

Au troisième tour, Bouchard affronte Caroline Garcia (36e), une joueuse très puissante dont les services sont parmi les plus rapides sur le circuit féminin. Une vieille connaissance d'Eugenie l'entraîne, la Française Nathalie Tauziat. Quand on lui demande ce que son ancienne entraîneuse pourrait révéler à Garcia, elle dit simplement: «Je ne crois pas que je répondrai à cette question... Elle dira: Bouchard est extraordinaire, tu vas te faire tuer! Non, je blague.»

«Nous avons travaillé ensemble dans le passé, Nathalie et moi, et je crois que le monde du tennis fonctionne ainsi, comme un jeu de chaises musicales pour les entraîneurs. Je suis certaine que ce n'est pas la dernière fois que cela se produit et ça ne me dérange vraiment pas. Je ne joue pas contre l'entraîneur, mais contre la joueuse ! Je suis encore amie avec Nathalie, alors tout va bien. »

Après s'être sortie du « piège » Garcia, 7-5, 6-0, Eugenie a droit à un avertissement, au quatrième tour, face à la Roumaine Irina-Camelia Begu (42e). La Canadienne semble en voie de s'offrir une partie de plaisir avec une priorité de 6-1, 3-0, mais sa rivale enlève cinq jeux d'affilée, puis la deuxième manche, 7-5, pour forcer la tenue d'une manche décisive. Avant le début de celle-ci, Bouchard rentre brièvement au vestiaire.

« Je suis allée aux toilettes et j'en ai profité pour me regarder dans le miroir », confie-t-elle après une victoire de 6-1, 5-7 et 6-2. « Je me suis dit que je devais recommencer à jouer comme j'en étais capable. Je suis heureuse de l'avoir emporté, mais je devrai certainement faire mieux dans mes prochains matchs. »

Eugenie se retrouve encore en quart de finale d'un tournoi du Grand Chelem, un exploit que bien peu d'observateurs avaient prévu avant le début du tournoi. « J'ai toujours cru en mes moyens, assure-t-elle en point de presse. J'ai cette confiance en moi qui me permet, même quand les choses ne vont pas bien comme dans mon dernier match, de garder mon calme et de passer à une autre vitesse pour continuer de me battre et conserver mes chances de l'emporter. Cela m'a permis de remporter plusieurs matchs la saison dernière, et ces succès m'aident aujourd'hui à croire que j'ai toujours une chance, quoi qu'il arrive. En fait, c'est cela la différence : je suis encore plus confiante. »

Cette assurance provient aussi de l'entourage de la Québécoise. Le départ Nick Saviano semble avoir permis à Bouchard de s'affirmer davantage. Sa collaboration avec Diego Ayala, un entraîneur dont la réputation reste à faire, donne de bons résultats. « Nous incorporons toujours de nouveaux éléments aux entraînements, des choses plus difficiles, et c'est vraiment amusant. En fait, cela fait déjà presque un an que je travaille avec lui. Nous nous connaissons mieux, il sait comment je suis, comment j'aime jouer. Il m'aide avec des trucs pour être plus rapide, pour arriver plus vite à la balle, et aussi pour être plus forte afin d'avoir l'endurance pour les matchs de trois manches. »

En quart de finale, Bouchard affronte pour la quatrième fois de sa carrière la Russe Maria Sharapova, une joueuse qu'elle n'a jamais battue et qui l'a déjà stoppée deux fois en Grand Chelem (à Roland-Garros en 2013 et en 2014). Les médias en profitent évidemment pour refaire le jeu des comparaisons entre Eugenie et son idole de jeunesse – elle porte justement à Melbourne la collection de vêtements conçus par Sharapova pour le manufacturier Nike –, mais il n'y a de toute évidence aucune véritable complicité entre celles qui sont avant tout des rivales.

La Russe rappelle avant le match : « Elle a été la joueuse la plus régulière en Grand Chelem la saison dernière et elle joue encore avec beaucoup de confiance cette saison. La dernière fois que nous nous sommes affrontées, à Roland-Garros, j'ai dû me battre pendant trois longues manches pour l'emporter. Ce sera sûrement un match très chaudement disputé et j'espère que nous offrirons un bon spectacle au public ! »

Le match n'est pourtant ni chaudement disputé, ni très spectaculaire. Sharapova impose son rythme et force Bouchard à commettre pas moins de 30 fautes directes. Battue 6-3, 6-2, en 78 minutes, Eugenie a été incapable de profiter des rares ouvertures que lui a offertes sa rivale. Sharapova n'a pas été parfaite, en première manche notamment, mais elle a joué avec un tel aplomb que Bouchard a été continuellement forcée de courir des risques.

« Je voulais vraiment gagner le match et le tournoi », rappelle la perdante très déçue après le match. « Sharapova a vraiment bien joué et ne m'a pas donné beaucoup de chances. Je me suis sentie pressée dès le début du match et cela n'a fait qu'empirer. Je voulais reprendre l'initiative, frapper mes coups, mais c'est difficile quand vous n'avez pas le temps de bien vous préparer. On essaie alors d'y aller pour des coups plus risqués et on commet immanquablement plus d'erreurs. J'aurais pu faire beaucoup mieux et c'est ce qui me déçoit le plus. »

Ce nouvel échec devant une joueuse du Top 4 montre que la Canadienne a encore – comme elle le dit souvent elle-même – beaucoup de travail à accomplir avant de franchir les prochaines étapes de sa progression. Eugenie reconnaît d'ailleurs qu'elle pourrait apporter des changements à son équipe pour la suite de la saison. « Je suis heureuse de l'équipe qui m'entourait ici, a estimé Bouchard. Je crois que nous avons obtenu un résultat correct, mais je devrai peut-être faire des ajustements. Je vais maintenant avoir du temps pour réfléchir à cela et décider si je veux changer des choses ou pas. »

Déjà, dans les coulisses du tournoi à Melbourne, un nouveau partenariat était en train de prendre forme.

SEXISTE, LE *TWIRL*?

Eugenie Bouchard s'est retrouvée un peu malgré elle dans une controverse après sa victoire au deuxième tour des Internationaux d'Australie en 2015. La joueuse de 20 ans s'est étonnée en conférence de presse que l'annonceur Ian Cohen lui ait demandé d'exécuter une pirouette (*twirl*) pour saluer le public et montrer sa tenue: «C'était inattendu, un vieux monsieur qui vous demande de faire une pirouette, c'était drôle. Je ne suis pas offensée, ça ne me dérange pas de faire une pirouette si les gars doivent montrer leurs muscles.»

L'Américaine Serena Williams, qui avait dû répondre à la même requête, s'est contentée de dire qu'on n'aurait sûrement pas demandé à Roger Federer ou à Rafael Nadal d'effectuer un *twirl*. «Était-ce sexiste? Je ne sais pas, je ne peux répondre à cette question, a-t-elle déclaré. Je ne voulais pas vraiment faire cette pirouette, je n'ai pas besoin d'attention supplémentaire.»

La réputée Billie Jean King ne s'est toutefois pas gênée pour dénoncer les propos sexistes de l'annonceur: «Concentrons-nous sur les performances des joueurs des deux sexes et non sur leur apparence», a insisté King.

UN NOUVEL ENTRAÎNEUR, UNE SPIRALE DE DÉFAITES

Malgré son beau parcours en Australie, Eugenie Bouchard savait qu'elle ne pouvait se « contenter » d'un entraîneur comme Diego Ayala. L'Argentin était peut-être un excellent partenaire d'entraînement, mais il n'avait ni l'expérience ni la crédibilité pour faire évoluer une joueuse du calibre d'Eugenie vers les objectifs très élevés qu'elle s'était fixés.

On apprend ainsi quelques jours après son retour de Melbourne qu'elle a embauché l'entraîneur français Sam Sumyk. Peu connu hors du monde du tennis, l'entraîneur jouit d'une grande réputation au sein du circuit féminin. Depuis 20 ans, il a travaillé avec six joueuses, toutes de bon calibre. Il a ainsi aidé la Russe Vera Zvonareva (numéro 2 en 2010) et la Biélorusse Victoria Azarenka (numéro 1 en 2012) à atteindre les sommets du classement féminin.

Natif de Bretagne, Sumyk vit en Californie avec sa conjointe, Meilen Tu, une ancienne joueuse qui est devenue l'agente d'Azarenka. Il vient de mettre fin à sa collaboration avec la joueuse de Biélorussie et n'hésite pas à rejoindre Bouchard à Montréal. Après quelques jours d'entraînement au stade Uniprix, le duo s'envole vers Anvers, en Belgique, où Eugenie doit reprendre la compétition.

« Je voulais une nouvelle voix », dit-elle en conférence de presse au Palais des sports d'Anvers. « Quand j'ai entrepris mes recherches, je voulais quelqu'un qui ait joué ou qui ait entraîné quelqu'un jusqu'au numéro 1 ou à la victoire en Grand Chelem. J'ai atteint le 5e rang, mais il y a une grosse différence entre le 5e et le 1er rang. Je voulais quelqu'un qui savait comment gravir les derniers échelons. Il l'a fait (avec Azarenka) et a accompli de grandes choses au tennis. Rien n'est garanti, mais j'espère qu'il pourra m'aider à progresser et à atteindre mes objectifs. »

Bouchard explique que c'est son préparateur physique, Scott Byrnes, qui a été l'intermédiaire entre elle et Sumyk. « Ils sont sur le circuit féminin depuis quelque temps déjà et sont amis. Après les Internationaux d'Australie, Scott a appris que Sam ne travaillerait plus avec Vika [Azarenka] et il m'a proposé de le rencontrer. On connaît la suite. J'aime sa mentalité et son approche. Chaque entraîneur a sa propre philosophie et ses idées, mais jusqu'ici, j'ai gardé mon style de jeu. Je veux continuer de jouer de façon agressive comme je l'aime, mais nous ferons de petits ajustements ici et là. Je veux toujours m'améliorer et c'est la principale raison pour laquelle j'ai un nouvel entraîneur : pour entendre une voix nouvelle. »

La collaboration s'amorce toutefois sur une mauvaise note avec une défaite de 4-6, 6-1 et 6-2 face à l'Allemande Mona Barthel (42e). Faisant l'impasse sur le tournoi de Dubai en évoquant une blessure à un bras, Bouchard et Sumyk rentrent rapidement aux États-Unis. Avant d'aller s'entraîner en Californie, Eugenie passe un week-end à New York pour le match des étoiles de la NBA. Elle se retrouve un peu par hasard sur une photo près de la chanteuse Beyoncé et la publie, tout excitée, sur son compte Twitter.

Elle fête d'ailleurs son 21e anniversaire quelques jours plus tard à Los Angeles, sa sœur Beatrice venant la rejoindre pour l'occasion. Après un autre forfait, au tournoi de Monterrey, Eugenie se présente à Indian Wells à court de compétition. Elle passe néanmoins les trois premiers tours avec une certaine facilité et se retrouve au quatrième tour contre l'Ukrainienne Lesia Tsurenko (85e).

On ne le sait pas encore, mais c'est ce jour-là que sa saison va chavirer. Déjà, pendant son échauffement d'avant-match, Eugenie ne se sent pas très bien, embêtée par un muscle étiré à l'abdomen. Disputé en soirée, le match s'étire, et les deux joueuses doivent recevoir des traitements pour des blessures, Tsurenko à une cheville, Bouchard à l'abdomen. Eugenie multiplie les fautes directes – 74 au total! – et gaspille plusieurs chances. Après avoir difficilement remporté la première manche, 7-6 (5), elle sert pour la victoire en deuxième manche, mais laisse Tsurenko s'imposer, 7-5. Elle réagit quand même et se détache 4-1 dans la troisième manche, mais laisse encore sa rivale revenir et remporter six jeux d'affilée. Entre les raquettes lancées de rage et les larmes de frustration, Eugenie a complètement perdu ses moyens.

«Je crois avoir laissé mes émotions prendre le dessus, avoue-t-elle, encore ébranlée, longtemps après le match. Je ne le fais pas habituellement et c'est quelque chose dont je suis fière. En fait, cela fait longtemps que je ne me suis pas sentie aussi émotive pendant et après un match. C'est une leçon difficile à accepter, mais je dois le faire. Je ne me sentais pas davantage bien au niveau du tennis et je m'attends à beaucoup mieux de ma part. Je ne sais même pas combien de fautes directes j'ai commises, ne me le dites surtout pas !

« C'est frustrant, car je sentais que la victoire était au bout de ma raquette. Beaucoup de choses n'ont pas tourné en ma faveur durant ce match. J'imagine que c'est une forme d'apprentissage. La prochaine fois, si je me sens de cette façon, je devrai m'efforcer de changer des choses, profiter du réchauffement pour essayer de retourner la situation et essayer de me relancer d'une autre façon. »

On a rarement vu Eugenie aussi mal en point psychologiquement après une défaite, et les choses ne s'arrangent pas les semaines suivantes. Elle perd au premier tour à Miami et à Charleston, chaque fois devant des joueuses bien moins classées qu'elles – Tatjana Maria (113e) et Lauren Davis (66e). Sam Sumyk ne s'inquiète pourtant pas. « Tout a changé pour Eugenie, depuis un an, et les attentes envers elle sont énormes. Je crois qu'elle a toutes les qualités pour atteindre ses objectifs et j'espère être à la hauteur de ses attentes. Il faut être patient, nous n'avons commencé à travailler ensemble qu'en février », rappelle-t-il lors de notre première rencontre, quelques jours après le tournoi d'Indian Wells.

« C'est surtout dommage de ne pas avoir été ensemble en décembre, une importante période pour le conditionnement et l'entraînement, poursuit Sumyk. Nous aurions pu apprendre à nous connaître et à travailler ensemble loin de la pression des tournois. Là, on se découvre dans l'adversité, dans le dur, avec cette pression d'obtenir des résultats. Mais tout se passe très bien entre nous. »

À la mi-avril, Eugenie hésite à rejoindre l'équipe canadienne de Fed Cup à Montréal pour une rencontre de barrage du Groupe mondial I contre la Roumanie. Promues la saison précédente avec l'élite mondiale, beaucoup grâce à Bouchard, les Canadiennes ont perdu la rencontre de premier tour contre la République tchèque, en février à Québec. Eugenie avait décidé de faire faux bond à ses équipières.

À Indian Wells, on l'avait interrogée sur cette décision et elle avait reconnu qu'elle avait entendu les échos de la déception causée par son forfait. « Je crois toutefois que ma fiche démontre que j'ai fait ma part en Fed Cup et j'ai toujours été fière et heureuse de le faire. Le calendrier est très chargé et c'est important de bien gérer son emploi du temps. C'est certain que je jouerai à nouveau pour l'équipe canadienne, mais je n'ai pas encore pris de décision pour la prochaine rencontre. »

Les règles de la Fédération internationale de tennis (ITF) obligent toutefois les joueuses à prendre part à au moins une rencontre de Fed Cup dans les deux années précédant les Jeux olympiques si elles veulent être admissibles pour une sélection à Rio. Eugenie sait qu'elle n'aura peut-être pas une autre occasion de jouer dans d'aussi bonnes circonstances chez elle contre des rivales solides, certes, mais quand même à sa portée.

Elle confirme finalement sa présence à la dernière minute et n'est disponible pour les médias que la veille de la rencontre, lors du tirage au sort des matchs. D'entrée, elle avertit : « Je ne pourrai pas tout faire seule. La Roumanie a une excellente équipe et ce sera difficile. J'avais battu Irina-Camelia Begu en Australie, mais cela avait été un long match. Cela prendra un effort de toute l'équipe si nous voulons l'emporter.»

Quand nous lui parlons de son début de saison, elle reconnaît: «Je n'ai certainement pas obtenu les résultats que j'espérais jusqu'ici cette saison. Ces défaites consécutives m'ont appris que je devais être plus patiente. Je prends d'ailleurs ces matchs comme autant de leçons qui me montrent des choses que je dois améliorer dans mon jeu.»

Lors de la cérémonie officielle, on demande à Eugenie de poser avec Alexandra Dulgheru (69e), son adversaire lors du premier match. Comme le veut la tradition, la Roumaine lui tend la main mais la Canadienne refuse de la serrer, comme elle l'avait déjà fait l'année précédente contre la Slovaquie. Cette fois, toutefois, le geste soulève une vive réaction, et les Roumaines ne manquent pas de s'en servir comme source de motivation.

Le lendemain, après une victoire surprise de Françoise Abanda sur Begu, Dulgheru rend la monnaie de sa pièce à Bouchard en lui infligeant une défaite de 6-4, 6-4. Après le match, quand elle défile devant ses équipiers au bord du terrain, ceux-ci lèvent la main vers leurs cheveux plutôt que de la lui tendre! La Roumaine assure en conférence de presse qu'il s'agissait d'une blague, que cela n'a rien de personnel envers sa rivale, mais c'est visiblement d'Eugenie dont on se moque.

À court de mots pour expliquer sa défaite, Bouchard doit aussi s'expliquer sur toute cette controverse. «Je ne vois pas la raison de souhaiter bonne chance à mon adversaire avant d'aller livrer la bataille. On ne fait jamais ça avant les matchs sur le circuit. Je ne vois donc pas pourquoi le faire avant un match de la Fed

Cup. Ce n'est rien de personnel contre mon adversaire ou le pays. D'ailleurs, je suis toujours prête à serrer la main après un match.»

Bouchard a une chance de «sauver les meubles», le dimanche, alors qu'elle dispute le troisième match de la rencontre contre Andreea Mitu, modeste 104e mondiale. Jouant devant une foule où les partisans roumains semblent aussi nombreux que ceux des Canadiennes, Eugenie se retrouve rapidement en difficulté et accumule encore les fautes directes. Alors qu'elle espérait relancer sa saison avec une bonne performance chez elle en Fed Cup, Eugenie subit sa deuxième défaite du week-end, cette fois 6-4, 4-6 et 6-1. Sa déception est évidente en conférence de presse: «Oui, je suis découragée, admet-elle. Je traverse sans doute le moment le plus difficile de ma carrière. Je n'ai pas vraiment d'explications. C'est peut-être la malchance de la deuxième année dont tout le monde parle...»

Malgré une autre bonne performance de Françoise Abanda dans le quatrième match, les Canadiennes s'inclinent 4-1 et devront évoluer dans le Groupe mondial II en 2016. En point de presse, le capitaine Sylvain Bruneau défend ses joueuses, Eugenie la première, rappelant sa fiche éloquente en carrière dans la Fed Cup. Lui aussi insiste sur la nécessité d'être patient avec la joueuse de 21 ans, qui est tout de même encore sixième mondiale.

«Ce n'était pas évident pour elle de venir ici cette semaine, à l'intérieur, sur le ciment, après un tournoi sur la terre battue à Charleston et avant une série de tournois en Europe, encore sur la terre battue, rappelle Bruneau. J'aurais compris si elle n'avait pas été là, mais elle a tenu à venir parce qu'elle a à cœur de représenter son pays.»

Alors qu'Eugenie devait participer au tournoi de Stuttgart, en Allemagne, tout de suite après la Fed Cup, elle et Sam Sumyk prennent une pause pour se consacrer à l'entraînement. «Je dois d'abord trouver des solutions, explique-t-elle. Ce sera un long chemin pour revenir à mon niveau habituel. Ça va prendre du temps, mais je vais être patiente. Je vais perdre des matchs en cours de route, mais c'est le processus.»

LE FOND
DU BARIL

SAM SUMYK EST DANS LE DOMAINE DU TENNIS DEPUIS ASSEZ
longtemps pour savoir qu'une carrière professionnelle est faite
de cycles au cours desquels les résultats varient beaucoup. « J'ai
eu la chance de travailler avec de grandes joueuses et elles sont
toutes passées par là », rappelle l'entraîneur d'Eugenie Bouchard
en avril 2015 en marge de la Fed Cup à Montréal. « C'est
impossible de toujours rester au sommet et Eugenie va elle
aussi connaître des périodes avec des hauts et des bas, tant
avec moi que plus tard dans sa carrière. »

« C'est impossible de toujours progresser, de toujours être au
sommet. Dans une carrière, il y a nécessairement des périodes
de succès et des périodes plus creuses. L'important, c'est de
continuer à travailler, c'est de toujours chercher à s'améliorer,
et je sais qu'Eugenie ne cesse jamais de le faire. Elle doit simplement retrouver sa confiance et ça, ça vient avec les résultats.

Bien sûr, au tennis, on juge les athlètes aux résultats et quand
les résultats ne sont pas là, les critiques fusent rapidement.
Mais pour moi, ce que les gens pensent, ça n'a aucune importance. La seule personne à qui je dois rendre des comptes, c'est

ma joueuse. Si on nous laisse le temps, je ne doute pas que les résultats vont suivre. »

Bouchard dit d'ailleurs : « Sam me rappelle souvent que je vais probablement perdre presque toutes les semaines, sauf exception, si tout se passe bien. Je dois apprendre à l'accepter et à profiter de chaque match, de chaque entraînement, pour travailler et m'améliorer. »

La défaite est néanmoins difficile à accepter pour Eugenie, d'autant plus qu'on approche des tournois de Roland-Garros et de Wimbledon où elle est très attendue après ses succès de l'année précédente. Encore battue rapidement à Madrid et à Rome, elle n'a joué que 16 matchs depuis le début de la saison quand elle arrive à Paris. En 2014, elle en était déjà à 36, avec pas moins de 24 victoires.

Lors de sa conférence de presse avant le tournoi à Roland-Garros, après avoir assuré qu'elle se sentait mieux à l'entraînement depuis quelques semaines, Eugenie tente d'expliquer ses déboires : « Je dois être patiente et apprendre à accepter les périodes difficiles comme les succès. Je crois d'ailleurs être plus calme sur le court. Je n'aime pas perdre, certes, mais je ne dois pas paniquer chaque fois que les choses ne se passent pas comme prévu. L'arrivée d'un nouvel entraîneur est quand même un changement important. Tous les entraîneurs sont différents et il y a nécessairement une période d'adaptation. »

Opposée au premier tour à la Française Kristina Mladenovic, une spécialiste de la terre battue, Eugenie retombe vite dans ses « travers » des derniers mois et s'incline 6-4, 6-4, sans jamais vraiment avoir eu sa chance. Elle a commis 24 fautes directes, dont quatre doubles fautes. « Je ne sais trop quoi dire, avoue-t-elle devant les journalistes. Je me suis encore sentie aussi mal que lors de mes derniers matchs, pas vraiment moi-même. J'avais l'impression d'être dans le match, mais côté tennis, je savais que j'étais très loin du niveau que je sais pouvoir jouer. »

Deux jours plus tard, elle joue en double mixte – une compétition exclusive aux tournois du Grand Chelem – et semble avoir retrouvé sa bonne humeur aux côtés du Biélorusse Max Mirnyi, malgré leur défaite. C'est mon collègue Philippe Cantin qui est à Roland-Garros cette année-là et c'est lui qui mène le point de presse.

« Les heures qui suivent la défaite sont les plus dures, dit Eugenie. Ça fait un peu mal à l'intérieur. Mais après un jour ou deux, je me dis : OK, je n'ai pas bien fait, je voulais faire tellement mieux, mais ça demeure juste un match de tennis. Je sentais les attentes et la pression. Mais là, il n'y en a plus, c'est fini pour ce tournoi. Ça fait partie du passé et je peux relaxer. Le pire qui est arrivé, c'est que j'ai perdu en première ronde. Je suis encore vivante, tout va bien, la vie est encore belle. »

Le chroniqueur de *La Presse* souligne à la joueuse qu'on entend de plus en plus de critiques à son endroit et que plusieurs lui reprochent d'être trop active sur les réseaux sociaux en mettant souvent l'accent sur les à-côtés de la vie de vedette : « Je publie aussi des photos à l'entraînement, des photos dans le gymnase, réplique Eugenie. Des gens diront n'importe quoi. Mais ça prend 15 secondes pour mettre quelque chose en ligne et ça ne signifie pas que je ne me suis pas entraînée six heures ce jour-là. Et si je n'ai pas le droit d'aller au cinéma ou au restaurant, ou de visiter la tour Eiffel parce qu'on pensera que je ne m'entraîne pas, alors je ne comprends pas... »

Quelques semaines plus tard, nous la retrouvons à Wimbledon. Dans l'avion, nous croisons sa mère, Julie Leclair, sa sœur Beatrice et son frère, William, qui vont la rejoindre à Londres. Eugenie en a bien besoin. L'enthousiasme de la saison précédente et de ses années chez les juniors a fait place à la morosité.

Eugenie a perdu trois de ses quatre matchs dans les tournois préparatoires sur le gazon et elle a dû abandonner dans le dernier, à Eastbourne, après avoir aggravé sa blessure à l'abdomen. Forcée à l'inaction, la joueuse devient de plus en plus frustrée. En point de presse le samedi précédant le début du tournoi de Wimbledon, elle dit avoir passé une partie de la journée précédente une raquette à la main « pour me rappeler que je suis une joueuse de tennis professionnelle » !

Arrivée à Wimbledon depuis quelques jours déjà, la Québécoise n'a toujours pas mis les pieds sur un court. Elle a annulé la séance d'entraînement prévue en fin d'après-midi l'avant-veille de son premier match afin de soigner encore un peu l'élongation musculaire qui la gêne depuis plusieurs mois. « C'est la même blessure qu'au début de l'année (elle s'est blessée à Indian Wells, en mars) et elle me dérange surtout au service. J'avais pu revenir au jeu assez rapidement la première fois et j'espère que ça se passera bien ici. Mais c'est quelque chose qu'il faudra examiner de plus près après ce tournoi. Le tirage m'a favorisée en m'offrant une journée de plus pour me reposer, puisque je ne jouerai mon premier match que mardi. J'ai donc préféré épargner mon corps aujourd'hui, garder mon énergie pour ce premier match », a-t-elle expliqué.

Pour l'instant, Bouchard préfère profiter de Wimbledon. « J'ai d'excellents souvenirs de cet endroit, de ce tournoi, et cela me motive beaucoup d'être de retour ici. C'est un plaisir de retrouver les stades, les courts, les vestiaires, les espaces réservés aux joueurs, les gens qui y travaillent. Je veux absorber toute cette énergie positive, apprécier chaque moment à Wimbledon, quoi qu'il arrive. Ma famille est ici avec moi, et je veux aussi profiter de sa présence.»

En raison de ses nombreuses défaites, la Canadienne a glissé au 12e rang du classement mondial. «C'est une routine un peu déprimante, raconte-t-elle. Depuis plusieurs semaines, c'est la même chose: je voyage, je m'entraîne quelques jours... et je perds! Je voyage, je m'entraîne quelques jours... et je perds encore! Je n'avais jamais connu une période aussi difficile. J'ai besoin de plus de matchs et de quelques victoires pour sortir de ce cercle vicieux et je suis persuadée que cela va se produire bientôt. Je reste positive et je crois en moi.»

Avec seulement quatre victoires en 16 matchs depuis qu'elle travaille avec Sam Sumyk, on lui demande si elle regrette sa décision d'avoir changé d'entraîneur. «Pas du tout, répond-elle. C'étaient des décisions difficiles, mais je devais les prendre pour aller de l'avant. La longueur de la période d'adaptation m'a surprise, c'est vrai. Il a fallu plusieurs semaines, par exemple, avant que la communication soit vraiment bonne entre Sam et moi. Ça va bien, maintenant, et je crois que cela va aller de mieux en mieux au cours des prochains mois.»

Dans les coulisses du tournoi, les rumeurs vont toutefois bon train. Des habitués du circuit assurent que le courant ne passe pas du tout entre Bouchard et Sumyk. Très directif, l'entraîneur français peine à capter l'attention de sa joueuse pendant les entraînements. Et pendant les matchs, Bouchard préfère visiblement ne pas faire appel à son entraîneur même si les règles de la WTA le lui permettent.

« Ce n'est pas parce qu'un entraîneur a fait du bon travail avec une ou même plusieurs joueuses qu'il sera nécessairement bon avec toutes les joueuses », commente l'un de ceux qui les ont vus régulièrement à l'entraînement. « Il faut une compatibilité de caractères et d'habitudes de travail aussi. Je ne suis pas sûr qu'ils soient faits pour travailler ensemble. »

La veille de son premier match contre la Chinoise Duan Ying-Ying (117e), une joueuse de 1 mètre 85 (6 pieds 1 pouce), Eugenie s'entraîne légèrement. « Surtout pour passer en revue mon plan de match », raconte-t-elle à Pam Shriver en entrevue au réseau ESPN, tout de suite en quittant le court. « J'ai aussi fait quelques échanges avec Timea [Bacsinszky], sans vraiment donner mon maximum. »

Sylvain Bruneau – qui fait encore partie de l'équipe Bouchard à Wimbledon aux côtés de l'entraîneur Sam Sumyk – confirme : « Il s'agit d'une blessure qui prend habituellement beaucoup de temps à guérir. Ce n'est pas la première fois qu'elle gêne Eugenie et ce sera malheureusement encore le cas ici, surtout au service. Aujourd'hui, elle a retenu ses coups en évitant de courir des risques inutiles. Elle a été prudente et c'était la chose à faire. »

Le lendemain, très diminuée physiquement – elle commettra 10 doubles fautes –, Eugenie ne peut éviter la défaite, 7-6 (3), 6-4. Duan frappe avec puissance, mais elle n'est guère mobile et laissait souvent de grands corridors que Bouchard n'a que trop rarement pu exploiter. Après le match, elle révèle la gravité de sa blessure : « Il s'agit d'une déchirure musculaire de grade deux et les médecins m'avaient conseillé de ne pas jouer. Mais je ne voulais vraiment pas rater Wimbledon. Avec le recul, ce n'était peut-être pas la meilleure décision à prendre, mais il s'agit de mon tournoi préféré et je voulais jouer à tout prix. On m'avait fait des bandages et j'essayais de ne pas penser à la blessure, mais rien ne fonctionnait comme je l'aurais voulu. Je n'ai pas eu une préparation adéquate – je n'ai frappé que 10 services avant ce match – et cela paraissait aujourd'hui. Mon synchronisme n'était pas bon et je n'ai jamais réussi à être à l'aise sur le court. »

Après celle de Roland-Garros, cette défaite a de lourdes conséquences sur le classement de la Canadienne. Elle vient de perdre plus de 2 000 points en quelques semaines et elle se retrouve au 25e rang après Wimbledon. « Il y a quelques mois, quand j'ai perdu à Indian Wells et à Miami, je n'ai pas pensé que c'était la fin du monde, mais plusieurs personnes l'ont pensé, rappelle-t-elle. Nous sommes plus près de la fin du monde aujourd'hui, c'est sûr... »

Eugenie semble toutefois libérée d'une grande pression à la fin de cette conférence de presse et affirme : « Je serai heureuse de ne plus avoir à répondre à tous ceux qui s'inquiètent des points que j'ai à défendre, de la pression que cela impose. Depuis un an, j'ai connu de grands succès qui ont été rapportés de façon positive dans les médias, puis des défaites amères qui ont été commentées très négativement. Cela a été un gros processus d'apprentissage et j'ai beaucoup appris sur moi-même, sur la vie de joueuse professionnelle et sur le monde autour de moi.

J'espère maintenant que j'en ai assez appris pour un bon bout de temps!»

Pour la première fois, elle évoque une séparation possible avec Sam Sumyk: «Nous n'avons définitivement pas eu les débuts que nous espérions. Je crois encore en lui et lui en moi, mais je veux obtenir des progrès rapidement dans mon jeu et des changements seront peut-être nécessaires.»

Le calendrier du circuit féminin va permettre à Bouchard de prendre une longue pause, question de soigner ses blessures physiques et psychologiques. Inscrite à des matchs de la World Team Tennis quelques semaines plus tard, elle déclare forfait et ne prévoit pas revenir au jeu avant la Coupe Rogers, en août. «Il va d'abord falloir voir des spécialistes pour cette blessure, mais j'ai hâte de partir en vacances et c'est certain que je ne veux plus penser au tennis pendant quelque temps, avoue-t-elle. À mon retour, je vais me remettre au boulot.»

UN ACCROC
AU CODE
VESTIMENTAIRE

On l'a un peu oublié dans la défaite, mais
Eugenie Bouchard a écopé un avertissement
pour accroc au très strict code vestimentaire
de Wimbledon pendant son match de premier
tour contre la Chinoise Duan Ying-Ying. Elle
portait un soutien-gorge noir sous sa tenue
blanche et il était parfois visible pendant les
échanges. Le code indique que «tout sous-
vêtement qui peut être visible ou le devenir
pendant le match [en raison de la transpira-
tion] doit être entièrement blanc, à l'exception d'une bande colorée d'une largeur d'au
plus un centimètre. De plus, les standards
communs de la décence s'appliquent en tout
temps». Un officiel devait avertir Bouchard
de corriger la situation si elle devait jouer
d'autres matchs, mais ce ne fut évidemment
pas nécessaire. Plusieurs joueurs ont dû
corriger leurs tenues au cours de l'histoire
du tournoi. En 2013, Roger Federer avait
reçu un avertissement parce que les semelles
de ses chaussures blanches étaient de
couleur orange.

DE CHRIS EVERT
À JIMMY CONNORS

Dans les années 1970, Chris Evert et Jimmy Connors formaient le couple chéri du tennis américain, mais leur relation amoureuse a pris fin de façon dramatique quand le joueur a rompu leurs fiançailles. Curieusement, tous deux ont affaire à Eugenie Bouchard pendant l'été 2015.

Evert, qui a souvent côtoyé la Canadienne et est l'une de celles qui l'ont toujours encouragée, se montre plus sévère après le tournoi de Wimbledon. Considérant la chute d'Eugenie au classement mondial, elle profite d'un point de presse d'ESPN pour remettre les pendules à l'heure.

« Eugenie n'a pas connu une saison si exceptionnelle l'an dernier [en 2014], dit Evert. Elle a bien fait en Grand Chelem, certes, mais pas dans les autres tournois. Et elle a aussi été chanceuse. Ici, à Wimbledon, elle a été l'une des rares à pouvoir terminer son match de troisième tour le premier samedi, malgré une pluie qui a retardé le jeu pendant cinq heures. Presque toutes les autres ont dû patienter au lundi ou au mardi. Et Serena Williams, qu'elle aurait pu affronter plus tard dans le tournoi, a été éliminée ce samedi-là. »

Après avoir rappelé qu'elle avait elle-même connu des périodes plus difficiles pendant sa carrière malgré un palmarès étincelant, Evert invite Bouchard à se poser quelques questions : « Je ne suis pas certaine qu'elle ait pris la meilleure décision en se séparant de Nick Saviano. Il la connaissait depuis longtemps et savait la mettre en confiance. Mais ce n'est pas le plus important, poursuit Evert. C'est surtout le temps pour elle de revoir ses priorités. Je crois que si elle veut vraiment retrouver son niveau de jeu, elle doit en faire sa priorité et oublier un peu les couvertures des magazines pour l'instant. C'est à elle de décider, mais si elle le veut vraiment, elle devra puiser au fond d'elle-même l'énergie pour travailler sur son jeu et uniquement sur cela, sans aucune distraction. »

Quelques jours après sa défaite à Wimbledon, Eugenie Bouchard annonce qu'elle a mis fin à sa collaboration avec l'entraîneur Sam Sumyk. Personne n'est vraiment surpris.

« Cela ne fonctionnait vraiment pas entre nous, explique-t-elle quelques semaines plus tard à Toronto dans le cadre de la Coupe Rogers, son premier tournoi depuis Wimbledon. Il y avait de gros problèmes et j'ai senti que je devais faire des changements. J'ai pris cette décision parce que je sentais que je n'étais plus moi-même sur le court. Je crois vraiment que c'était nécessaire. J'avais perdu ma confiance, mon agressivité et j'ai beaucoup travaillé là-dessus récemment à l'entraînement. Je crois encore en moi et je sais que mon jeu est encore là, qu'il ne peut être juste disparu. Maintenant, il s'agit de travailler fort et de me remettre sur le bon chemin. »

Encore une fois, Eugenie a fait appel à un ancien collaborateur de Nick Saviano pour assurer l'intérim. Il s'agit du Serbe Marko

Dragic, un ancien joueur de 31 ans qu'elle a souvent côtoyé. Quand, à la fin de 2014, la Canadienne s'était séparée de Saviano, son entraîneur pendant huit ans, Dragic avait appuyé Diego Ayala, un autre protégé de Saviano, pour prendre la relève sur une base intérimaire. Sylvain Bruneau est aussi présent pour conseiller la joueuse tant sur son jeu que pour la suite de sa carrière. Par contre, le préparateur physique Scott Byrnes n'est plus là depuis quelques mois déjà, lui aussi n'ayant apparemment pu s'entendre avec Sumyk.

«La situation actuelle n'est certainement pas permanente, souligne Eugenie. J'avais déjà travaillé avec Dragic dans le passé et j'ai été chanceuse qu'il soit disponible après Wimbledon pour m'aider quand j'avais besoin d'un entraîneur. À plus long terme, je cherche quelqu'un qui pourra m'aider à améliorer tous les aspects de mon jeu, aussi bien sur les plans technique, tactique, mental que physique. Tous ces aspects sont importants au tennis, et j'aimerais travailler avec quelqu'un qui a une expérience de haut niveau et qui pourra m'aider à progresser sur une base quotidienne.»

Bouchard sait qu'elle devra être prudente dans le choix de son prochain entraîneur. Après s'être séparée de deux techniciens réputés en quelques mois, elle peut difficilement se tromper encore. Plus que tout, la jeune femme semble avoir besoin d'une présence positive. Elle rappelle d'ailleurs à Toronto combien son entourage a été important au cours des derniers mois.

«Les gens très proches de moi m'ont toujours supportée, confie-t-elle. Ils croient vraiment en moi et me rappellent sans cesse que j'ai les aptitudes, le talent, en fait tout ce dont j'ai besoin, et qu'il suffit de travailler fort, de mettre tous les éléments ensemble pour retrouver mon jeu. »

De son côté, Sumyk ne commente pas la fin de sa collaboration avec Bouchard, se contentant de publier sur son compte Twitter des messages remplis de sous-entendus où il rappelle l'importance du respect et du travail, la nécessité de se concentrer sur le cheminement et non le résultat, et l'inutilité de toujours se comparer aux autres. On apprendra plus tard en 2015 qu'il a rejoint le camp de l'Espagnole Garbiñe Muguruza.

À Toronto, Bouchard assure qu'elle se porte beaucoup mieux. « La blessure à l'abdomen qui m'avait dérangée à Wimbledon et m'a forcée à me retirer du tournoi de Washington, la semaine dernière, guérit normalement, et j'ai vraiment hâte de reprendre la compétition cette semaine », dit-elle.

Même si elle est jouée au Canada, la Coupe Rogers n'est pas nécessairement la compétition préférée d'Eugenie. La pression y est forte pour elle alors que l'attention du public et des médias est décuplée. À Montréal, en 2014, quelques semaines après sa finale à Wimbledon, son élimination surprise aux mains de l'Américaine Shelby Rogers avait marqué le début d'une spirale d'insuccès.

Cette fois, elle affronte la Suissesse Belinda Bencic (20e), l'une des révélations de la saison avec déjà un titre et une finale. Visiblement rouillée, gênée par le vent qui tourbillonne sur le court central, Bouchard s'incline 6-0, 5-7 et 6-2 en un peu plus de deux heures. C'est une septième élimination dès le premier tour au cours de ses neuf derniers tournois, mais Eugenie estime qu'il y a un monde de différence entre cette défaite et celle qu'elle avait subie un an plus tôt au stade Uniprix.

« J'ai l'impression de m'être beaucoup mieux comportée sur le court, ici, par rapport à l'an dernier à Montréal. Je suis restée positive après mon mauvais début de match et je me suis bien battue pour revenir. Et je me suis encore battue sur tous les points jusqu'à la fin. Je crois avoir mieux joué que je ne l'avais fait depuis longtemps et c'est définitivement un pas dans la bonne direction. »

Depuis le début de la saison, Bouchard avait souvent affirmé qu'elle n'était pas « elle-même » sur le court. À Toronto, malgré la défaite, elle estime s'être un peu retrouvée : « Dans la deuxième partie du match, je me suis concentrée sur des choses simples, des éléments tactiques de mon plan de match. Cela a fonctionné et j'ai aussi commencé à me sentir un peu plus moi-même. »

Dans le camp de Bouchard, personne n'est déçu de sa performance. Bencic va d'ailleurs remporter le tournoi, triomphant notamment de Serena Williams en demi-finale. Sylvain Bruneau souligne qu'Eugenie doit maintenant répéter ce genre de performance pour aller de l'avant. Il a d'ailleurs conseillé à Bouchard de multiplier les séances d'entraînement avec d'autres joueuses afin de retrouver le plus rapidement possible le rythme de la compétition, et on a vu Eugenie sur les courts avec Ana Ivanovic, Samantha Stosur et quelques autres au stade Aviva.

« Je vois le reste de la saison comme une occasion de terminer l'année sur une meilleure note que je l'ai commencée. Il reste plusieurs tournois et j'ai hâte d'aller sur les courts, de jouer des matchs et de me sentir de mieux en mieux. Mes objectifs sont simples : demeurer en santé et offrir de bonnes performances pendant mes matchs, c'est tout. Vous savez, je n'ai aucune autre attente à part cela. »

Après la Coupe Rogers, Eugenie remporte son premier match en près de deux mois à Cincinnati contre Kateryna Bondarenko (103e). Elle s'incline ensuite de justesse contre Elina Svitolina (20e) et semble retrouver ses moyens. Elle subit toutefois sa pire défaite de la saison la semaine suivante à New Haven, 6-1, 6-0, contre l'Italienne Roberta Vinci, et décide de faire appel à un « vieil ami ».

Quand elle arrive à New York pour l'Omnium des États-Unis, tout le monde est surpris de voir Jimmy Connors à ses côtés sur un court d'entraînement. Ils disent être amis depuis quelques années et avoir profité de la présence de l'ancien champion à New York pour travailler un peu ensemble. Dans l'entourage d'Eugenie, on assure qu'aucune collaboration à long terme n'est envisagée, mais la joueuse apprécie de toute évidence cette présence positive à ses côtés.

Connors a remporté cinq de ses huit titres majeurs à New York. Réputé pour sa hargne, il s'est fait plusieurs ennemis au cours de sa carrière, mais il n'en reste pas moins très populaire auprès du public new-yorkais. À 62 ans, après avoir été brièvement l'entraîneur d'Andy Roddick et de Maria Sharapova, il a un peu pris ses distances du tennis et n'est à New York que pour quelques jours. Connors explique en entrevue à des collègues américains qu'il croit beaucoup à des qualités comme l'instinct du tueur, le cœur, la détermination, l'ambition, des qualités qui l'ont aidé à remporter 109 titres professionnels et qu'il reconnaît chez Bouchard.

Sylvain Bruneau, qui assiste aux entraînements, constate rapidement que Connors sait trouver les mots pour motiver Bouchard. «Il a tout de suite compris qu'Eugenie avait besoin d'améliorer sa confiance et il lui a servi un formidable *pep talk*, dit-il. Venant de lui, le message a passé et on a commencé à revoir l'Eugenie agressive et conquérante de la saison précédente.»

Communiquant avec Connors par message texte et au téléphone, Bouchard remporte une victoire aisée au premier tour, 6-4 et 6-3, contre l'Américaine Alison Riske (57e). «Je me sentais certainement différente de la semaine dernière, assure-t-elle. J'étais plus inspirée, plus confiante, plus motivée. Le fait de travailler avec Jimmy m'a vraiment montré un autre côté de la médaille, un point de vue différent. Il est très énergique. Il m'a remonté le moral. Il m'a aidée à croire en moi davantage et à reprendre confiance.»

La Slovène Polona Hercog (64e) lui offre une plus vive opposition au deuxième tour, mais Bouchard s'impose encore, 6-3, 6-7 (2), 6-3. Avec la confiance, elle retrouve aussi une certaine assurance et elle est plus détendue. En conférence de presse, elle dit avoir encore été dérangée par le traitement que lui ont réservé certains médias au cours des derniers mois.

«Tout le monde est monté dans le train en marche l'an dernier et m'a rapidement sauté à la gorge cette année, souligne-t-elle. C'est un peu dur, d'une certaine façon. J'essaie de bloquer ça autant que possible. J'ai appris que les médias veulent toujours écrire une histoire, qu'ils ont besoin d'une manchette. J'essaie de ne pas le prendre personnellement. Vous savez, je ne pense pas avoir mérité tout ce qui s'est dit sur mon compte. En même temps, c'est la nature des médias. C'est votre travail et je respecte ça. Ce que je pense de moi-même quand je vais au lit la nuit, c'est tout ce dont je dois me souvenir. »

Toujours un peu à court de compétition, Eugenie est aussi inscrite en double féminin avec Elena Vesnina et en double mixte avec le fantasque Nick Kyrgios. L'Australien a provoqué une controverse quelques semaines plus tôt à Montréal en tenant des propos insultants sur la copine de son adversaire Stanislas Wawrinka. Les deux joueurs ont failli en venir aux coups après le match et Kyrgios a dû s'excuser.

Bouchard prend quand même sa défense, soulignant que le tennis a besoin de personnalités fortes et originales comme l'Australien : « Il est bon pour notre sport parce qu'il amène quelque chose de différent, explique-t-elle. Il ose être dynamique et charismatique, ce qu'on ne voit pas beaucoup sur le circuit, et c'est pourquoi les gens l'apprécient. » Le partenariat a aussi une justification commerciale, les deux athlètes étant sous contrat avec Nike. Une séance de photos est d'ailleurs prévue pour le magazine *Vogue* avant leur match de premier tour, le vendredi.

Eugenie doit auparavant disputer son match de troisième tour en simple féminin contre la Slovaque Dominika Cibulkova (50e), une ancienne du Top 10. Elle offre alors l'une de ses meilleures performances de l'année et triomphe 7-6 (9), 4-6, 6-3, à l'issue d'un duel haletant de 2 heures 48 minutes. En première manche, après avoir sauvé cinq balles de manche, elle remporte le bris 11-9 et reçoit une formidable ovation du public. La suite est tout aussi indécise, mais Eugenie garde son allant jusqu'au bout.

Elle est radieuse en sortant du court et l'est encore, deux heures plus tard, lors de son match avec Kyrgios. Le duo offre un joyeux spectacle, donnant souvent l'impression de s'intéresser davantage l'un à l'autre qu'à la victoire. Malgré toutes les distractions, ils remportent quand même le match, et Eugenie peut finalement rentrer au vestiaire. Une douche rapide et elle se retrouve devant les journalistes.

« Vraiment, honnêtement, je ne sais pas ce qui est arrivé dans le jeu décisif [*tie-break*]. Je ne sais pas comment j'ai fait. Je suis fière de la façon dont j'ai gardé mon calme en troisième manche, dit-elle. C'était difficile. Elle a mis beaucoup de pression, plus que ce à quoi je m'attendais. Je me suis dit que je devais être combattive, maîtriser mes émotions. Et ça m'a aidée. »

Quand on lui demande si on a retrouvé l'Eugenie des beaux jours, elle répond : « C'est l'Eugenie de maintenant qui m'intéresse. J'essaie de jouer du mieux que je peux et de ne pas penser à l'année passée. Je veux me concentrer sur le présent et le futur. »

Souriante et déterminée, elle a déjà hâte à ses prochains matchs. Elle doit affronter au quatrième tour Roberta Vinci et espère bien venger sa défaite de New Haven. Et Jimmy Connors a promis d'être là.

Il est près de minuit quand elle rentre au vestiaire. Attention, le plancher est glissant…

REPARTIR
À ZÉRO

Les jours suivant l'accident dans les vestiaires du stade Arthur-Ashe semblent difficiles pour Eugenie et ses proches. Rentrée à Montréal, la jeune femme dit passer ses journées dans une pièce sombre, évite les écrans – une torture pour cette *accro* des médias sociaux – et tente de dormir.

Son seul souhait est de revenir au jeu quelques semaines plus tard, en Asie. La joueuse est inscrite à quatre tournois – Tokyo, Wuhan, Pékin et Hong Kong –, mais elle annule sa participation au premier quand il devient évident qu'elle ne sera pas encore rétablie. Elle se rend quand même en Floride pour s'entraîner un peu et rencontrer un nouvel entraîneur, le Suédois Thomas Hogstedt, qui a accepté de l'accompagner lors de sa tournée asiatique. Un peu rassurée, Eugenie prend l'avion à la fin septembre pour la Chine.

Selon des proches, le long déplacement, la chaleur et l'humidité provoquent le retour des symptômes liés à sa commotion, et elle déclare forfait quelques heures avant son premier match à Wuhan contre Belinda Bencic. Sur le site de la WTA, on peut lire : «Je suis à la fois déçue et très frustrée de ne pas pouvoir jouer cette semaine. J'ai effectué ce long voyage, car je croyais être en mesure de jouer, mais malheureusement mes symptômes sont revenus à l'entraînement et ce ne serait pas sécuritaire pour moi de jouer. Je vais passer quelques jours ici à Wuhan et voir comment ma santé évolue. »

Finaliste du tournoi la saison précédente, Bouchard espérait y défendre ses points et préserver sa position au classement mondial. Elle effectue plutôt un nouveau recul de 10 rangs, passant du 26ᵉ au 36ᵉ rang mondial. En principe, elle a encore deux tournois pour se reprendre, et l'Omnium de Chine, la semaine suivante à Pékin, est l'un des plus importants de la saison après ceux du Grand Chelem. Elle est aussi sur la liste des joueuses inscrites à l'Omnium de Hong Kong, du 12 au 18 octobre.

Quelques jours de repos et Eugenie s'estime prête à affronter Andrea Petkovic au premier tour du tournoi de Pékin. Elle ne peut toutefois résister qu'un peu plus d'une manche avant d'être forcée à l'abandon alors qu'elle est menée 6-2, 1-1. Sur le site de la WTA, Petkovic commente : « Je lui ai demandé ce qui n'allait pas et elle m'a dit qu'elle était étourdie. Elle m'a expliqué que les symptômes de sa commotion revenaient quand elle était très active. C'est vraiment de la malchance, car elle recommençait à bien jouer. J'espère qu'elle sera bientôt rétablie. »

Après une longue consultation avec le personnel médical du tournoi, Bouchard quitte le terrain en larmes après avoir salué la foule. Dans un communiqué, elle écrit : « Je croyais être prête physiquement, mais malheureusement les symptômes de ma commotion sont revenus. Je veux remercier tous mes fans à l'Omnium de Chine pour leur appui cette semaine.

J'espère aller mieux bientôt et j'ai hâte de revenir l'année prochaine. »

Eugenie et ses proches conviennent qu'elle doit mettre un terme à sa saison. La Canadienne achève la saison 2015 au 48e rang du classement, sa plus mauvaise position depuis plus de deux ans, mais elle a évidemment d'autres préoccupations en rentrant chez elle. Après avoir montré à New York qu'elle retrouvait lentement un meilleur niveau de jeu, sa progression est hypothéquée et la saison se termine dans le doute.

Cette fois, elle devra vraiment repartir à zéro.

L'automne est consacré à la convalescence et à la récupération, mais elle retrouve bientôt la forme. Grâce à son compte Twitter, on la voit voter à l'élection fédérale, assister à un match de la NBA au Centre Bell, obtenir son permis de conduire ou prendre part à des activités promotionnelles de Nike à Toronto.

Elle reprend l'entraînement en Floride le 27 novembre avec Thomas Hogstedt, qui devient officiellement son entraîneur. Le Suédois de 52 ans a une belle feuille de route. Il a travaillé avec Caroline Wozniacki, Maria Sharapova, Li Na et Simona Halep, toutes des joueuses du Top 10 quand elles collaboraient avec lui. Réputé pour sa rigueur et son éthique de travail, il est aussi très calme et sa personnalité semble mieux convenir à Eugenie que celle de son prédécesseur, Sam Sumyk.

En décembre, Sylvain Bruneau et plusieurs joueuses canadiennes les rejoignent à l'Académie de tennis d'IMG à Bradenton. Le capitaine de l'équipe de Fed Cup est impressionné par les progrès d'Eugenie : « On voit qu'elle s'est ennuyée de la compétition, souligne Bruneau en entrevue. Cela dit, elle n'a plus joué depuis plusieurs mois et ce n'est pas facile de revenir même si elle est rétablie. Elle devra être patiente et nous aussi. »

En raison notamment des procédures légales contre la USTA, Bouchard et son agente, Jill Smoller, déclinent les demandes d'entrevue, et ce n'est qu'à son retour au jeu, au début de 2016, qu'elle fait le point sur la situation. En raison de son classement, Eugenie s'est inscrite à l'Omnium de Shenzhen, en Chine, un tournoi secondaire du circuit. Un tournoi plus lucratif est disputé simultanément à Brisbane, en Australie, mais la Canadienne aurait dû y disputer les qualifications. Pour les mêmes raisons, Bouchard est inscrite au tournoi de Hobart la semaine suivante alors que la plupart des favorites seront à Sydney.

À Shenzhen, elle remporte ses deux premiers matchs en quatre mois, 6-4, 1-6, 7-5, contre Donna Vekic (103e), puis 6-4, 6-2, contre Nicole Gibbs (107e). Même si ses adversaires ne sont pas très fortes, Eugenie est rassurée : « Je suis sur la bonne voie, mais je ne m'attends pas à ce que tout revienne en place en un seul jour », insiste-t-elle en point de presse. « Chaque match que je termine me procure un peu plus de confiance en moi. Je sais que la route sera longue pour retrouver la santé et revenir au niveau où j'étais et même mieux. Je suis donc prête pour un long cheminement. Il y a des hauts et des bas dans une carrière de joueuse de tennis, comme dans la vie, et je ne me préoccupe pas trop de mon classement cette saison. Je sais que je peux être une grande joueuse et je vais continuer de travailler pour y arriver. Je suis simplement heureuse de jouer au tennis, de faire mon métier et d'avoir du plaisir à le faire. Je sais que si je travaille sérieusement et que je fais de mon mieux, les choses vont retomber à la bonne place. Vous savez, si c'est un petit pas en avant que je peux faire chaque jour, je serai heureuse avec cela.»

La joueuse avoue aussi apprécier sa collaboration avec Hogstedt: «Il a une très haute opinion de mon talent et croit vraiment en mon style de jeu. Nous avons travaillé sur des petits points techniques de base, mais c'est important de nous assurer que tous mes coups sont aussi bons qu'ils peuvent l'être. Si je peux gagner 1 % dans un secteur, cela peut suffire à faire une différence contre les meilleures joueuses.»

Battue en quart de finale à Shenzhen par Timea Babos (70e), 6-4, 6-4, Eugenie se rend ensuite à Hobart. Elle constate vite qu'elle est encore populaire en Australie. Sa conférence de presse avant le tournoi est diffusée à la télévision et le public suit avec intérêt chacune de ses séances d'entraînement: «Je ne suis même pas tête de série, souligne-t-elle. J'ai été surprise de voir à quel point les gens étaient accueillants et chaleureux envers moi. Cela me rend vraiment heureuse d'avoir décidé de jouer ici.»

Elle comble ses partisans en atteignant pour la première fois depuis septembre 2014 la finale d'un tournoi. Et même si elle s'incline devant Alizé Cornet, 6-1, 6-2, Eugenie s'est amusée toute la semaine, même en quart de finale, quand la pluie l'a forcée à patienter plus de sept heures avant de disposer de Camila Giorgi. «Cela fait partie du tennis, philosophe-t-elle en point de presse. Il faut être patiente et s'arranger pour être prête quand notre tour vient d'aller jouer. Il faut rester détendue, éviter de jouer son match quatre ou cinq fois dans sa tête avant d'y arriver vraiment! Aujourd'hui, j'ai regardé un film, j'ai jeté un coup d'œil au tournoi de Sydney et j'ai même eu le temps de dormir un peu.»

On l'a même vue donner un coup de main aux préposés qui devaient assécher les courts après chaque averse, signe que la passion est bien revenue. Eugenie n'était pas allée aussi loin dans un tournoi depuis 16 mois, quand elle avait été finaliste à Wuhan, en Chine. Elle n'avait ensuite atteint les quarts de finale qu'une seule fois, il y a presque un an, aux Internationaux d'Australie à Melbourne, sa prochaine destination.

Interrogée sur sa santé, la Canadienne assure: «Je me sens bien. J'ai beaucoup travaillé cet hiver pour retrouver ma santé et ma forme. Pour l'instant, je suis heureuse d'être de retour sur les courts, et c'est le plus important. Quand vous êtes empêchée de faire quelque chose que vous aimez, vous réalisez à quel point vous l'aimez vraiment et à quel point cela vous manque. »

Elle s'ennuyait du tennis? Voilà qu'elle vient de jouer huit matchs en 11 jours!

Malgré son bon début de saison, Eugenie n'est pas tête de série à Melbourne et, après avoir souvent hérité de tableaux favorables en Grand Chelem depuis deux ans, elle doit affronter la quatrième mondiale, Agnieszka Radwanska, dès le deuxième tour.

Encore loin de son meilleur niveau, elle s'incline 6-4, 6-2, non sans avoir offert une bonne opposition à sa rivale: «Je crois avoir bien fait dans les circonstances. J'ai joué à un niveau assez haut, mais j'ai manqué de constance. Agnieszka retourne beaucoup de balles, et je devais travailler à chaque point. Cela a été difficile de soutenir les échanges avec elle. Mon rythme cardiaque était très élevé pendant de longues périodes et je transpirais beaucoup. Cela ne m'était pas arrivé depuis mon retour.»

Toujours soutenue par la bruyante «Genie Army», la joueuse de 21 ans a marqué le coup après un excellent début de match : «Je n'avais pas beaucoup joué au cours des derniers mois et cela a paru aujourd'hui. Ce sont des choses qu'on ne peut reproduire à l'entraînement : l'intensité physique, la pression, les émotions. Je vais devoir m'habituer à nouveau à toutes ces petites choses. Trop de fois, j'ai commis une erreur. J'étais en bonne position en première manche, mais je l'ai laissé remonter et on ne peut se permettre ça contre une adversaire de ce calibre. Mais c'est lié au fait que je n'ai pas pu m'entraîner et jouer aussi souvent que je l'aurais voulu au cours des derniers mois. Je dois travailler fort à l'entraînement pour retrouver mes coups et ma technique, mais je dois surtout jouer en tournoi, car c'est là que je m'améliore le plus.»

Tout le travail des derniers mois avec son nouvel entraîneur, Thomas Hogstedt, a visiblement porté fruit. Elle présente une fiche de sept victoires et trois défaites en 10 matchs (elle n'en avait remporté que 12 dans toute l'année 2015), avec déjà une finale à Hobart. Même si Bouchard chutera encore au classement – elle perdra plus de 300 points au terme des Internationaux – pour se retrouver au 63e rang, elle est tout de même en voie de reprendre sa place parmi les meilleures.

«J'ai fait beaucoup mieux que je ne l'espérais au cours de ce voyage en Chine et en Australie, souligne Eugenie avant de rentrer en Amérique. Je ne savais pas si ça irait ou non physiquement. Je viens de jouer pendant trois semaines sans aucun symptôme, et c'est une victoire en soi. Je joue à un niveau qui est correct, mais il faut faire encore beaucoup mieux.»

La suite du programme d'Eugenie est alors incertaine. Elle est attendue à Rio, à la mi-février, mais aussi à Québec où l'équipe canadienne de Fed Cup doit affronter la Biélorussie. Eugène Lapierre, le responsable de la rencontre, espère encore sa présence deux semaines avant l'événement : « Eugenie n'a pas voulu s'engager pour les prochains jours, mais nous avons un bon pressentiment. Elle n'est inscrite à aucun autre tournoi avant la mi-février et pourrait sûrement profiter de l'occasion pour disputer de bons matchs. »

Affublée d'une coupe de cheveux controversée, Eugenie annonce le 27 janvier sur son compte Twitter qu'elle ne sera pas à Québec : « Je suis déçue de ne pouvoir jouer en Fed Cup la semaine prochaine. En raison de ma blessure, je n'ai pu m'entraîner suffisamment cet hiver et je travaille encore à retrouver ma forme et à me préparer pour la suite de la saison et pour représenter mon pays aux Jeux olympiques. J'ai toujours du plaisir à jouer devant les partisans canadiens et je souhaite la meilleure des chances à mes coéquipières à Québec. »

Évoquant une blessure, Bouchard ne va pas davantage à Rio, mais son état de santé lui permet tout de même de prendre part à un match de basketball avec d'autres « célébrités », à Toronto, dans le cadre du match des Étoiles de la NBA. Elle revient finalement au jeu à Doha, au Qatar, après avoir accepté un laissez-passer des organisateurs. La semaine suivante, elle est à Kuala Lumpur, en Malaisie, et atteint sa deuxième finale de la saison.

Battue de justesse, 6-7 (5), 6-4, 7-5, par Elina Svitolina dans un match longtemps retardé par la pluie, Bouchard affirme avoir été gênée en fin de deuxième manche par des malaises et des étourdissements. Elle a dû faire appel au personnel médical et a pu profiter d'une des nombreuses interruptions du match pour recevoir des traitements.

Ce n'est finalement qu'une fausse alerte, mais elle rappelle à Eugenie ses priorités : « J'ai l'impression d'avoir encore progressé depuis la semaine dernière (à Doha) et m'améliorer chaque semaine est vraiment mon seul objectif présentement. Après tous mes déboires de la saison dernière, je suis simplement heureuse de pouvoir jouer et de faire ce que j'aime le plus dans la vie. Honnêtement, je ne pensais pas au début de l'année gagner un match avant le mois d'avril, je n'avais aucune idée de ce qui m'attendait. Je fais donc mieux que ce que j'avais prévu et je veux simplement continuer d'aller dans cette direction. »

À peine deux mois après le début de la saison 2016, Eugenie a déjà remporté 13 matchs, un de plus que durant toute l'année 2015 !

UNE IDOLE DÉCHUE

Quelques jours avant le tournoi d'Indian Wells, le 7 mars 2016, Maria Sharapova convoque les médias à Los Angeles pour une «importante» conférence de presse. Alors qu'on croit qu'elle va annoncer sa retraite, elle reconnaît plutôt avoir échoué à un test antidopage aux Internationaux d'Australie. L'athlète de 28 ans a été déclarée positive au meldonium, un produit qui a été ajouté à la liste des produits interdits le 1er janvier 2016. Sharapova prétend avoir pris le médicament depuis 2006 en raison de plusieurs problèmes de santé, mais elle est quand même suspendue. Plusieurs commanditaires suspendent également leurs contrats. Sur le circuit féminin, l'affaire provoque un véritablement séisme. «Cette nouvelle m'a choquée et déçue, reconnaît Eugenie Bouchard. Comme je l'ai déjà dit, Sharapova était l'une de mes idoles quand j'étais plus jeune. Se rappeler son idole d'enfance et penser que c'était peut-être un mensonge m'affecte beaucoup. Nous n'en savons pas encore assez sur cette affaire pour l'instant, selon moi, mais c'est déjà très décevant de se poser toutes ces questions.»

L'AVIS DES GRANDS

Tout au long de sa jeune carrière, Eugenie a été sensible à l'appui des gens autour d'elle. Alors que les enjeux étaient de plus en plus élevés et que la pression devenait toujours plus forte, elle cherchait un soutien positif, mais ne le trouvait pas toujours.

À l'été 2015, au cœur de sa période la plus difficile, entourée d'un entraîneur avec lequel elle ne s'entendait pas, d'une agente qui avait souvent d'autres chats à fouetter et d'une mère qui ne pouvait évidemment plus jouer le même rôle maintenant qu'elle avait 21 ans, on l'a sentie esseulée. À Wimbledon, en point de presse, elle a avoué un peu candidement que son meilleur réconfort venait souvent de ses admirateurs sur les réseaux sociaux. Pas étonnant qu'elle se soit tournée vers ses amies les plus proches, dont on aperçoit souvent les visages sur son compte Instagram, ou vers ses sœurs, Beatrice et Charlotte. Eugenie a aussi recherché l'amitié et le soutien de personnalités comme l'acteur Jim Parsons, le chanteur Drake ou le légendaire Wayne Gretzky.

L'ancien joueur de hockey a surpris Bouchard le 12 mars à Indian Wells, en Californie, pendant son match de deuxième tour contre l'Américaine Sloane Stephens. « Quand je l'ai vu avec son épouse, Janet, dans la loge, je suis devenue très nerveuse, a confié la joueuse après sa victoire. En fait, dès que je l'ai aperçu, je me suis mise à mal jouer et j'ai perdu un jeu. Je me suis demandé s'il s'en irait ou autre chose, puis j'ai pensé que je devais vraiment me mettre à jouer un peu mieux ! Je sais que leur fille rêve de devenir une championne de tennis. C'est super de voir qu'ils sont de vrais amateurs de tennis et qu'ils l'encouragent de cette façon. »

Le lendemain, Eugenie s'entraîne justement avec Emma Gretzky et lui donne des conseils. La jeune fille de 12 ans réalise alors un rêve sous les yeux de ses parents. Eugenie reconnaît après coup avoir beaucoup appris de sa rencontre avec le célèbre numéro 99 : « Après l'entraînement, nous avons discuté du tennis, du hockey et du sport en général. C'était très intéressant, j'enregistrais chacun de ses mots, car Wayne Gretzky est en quelque sorte un dieu pour nous au Canada. »

Une des leçons qu'elle retient, c'est l'importance d'aller de l'avant et d'oublier le passé quand on veut connaître du succès : « L'année dernière, j'ai parfois eu tendance à trop analyser toutes les choses négatives qui me sont arrivées. J'aime penser que 2016 est l'année de mon retour et je ne veux plus penser ni aux succès de 2014 ni aux échecs de 2015. Je veux aller de l'avant, un pas à la fois, sans avoir d'attentes trop élevées et sans regarder trop loin. »

D'autres « dieux » du sport se permettent également de conseiller Bouchard ou, à tout le moins, de commenter son jeu.

Chris Evert, qui connaît bien Eugenie et qui a suivi avec intérêt son parcours mouvementé, est la spécialiste du tennis féminin au réseau ESPN. Après le bon début de saison de Bouchard, elle offre une longue analyse du jeu de la Canadienne et des défis qui l'attendent.

«Je suis heureuse de la voir gagner à nouveau et je suis convaincue que le monde du tennis féminin souhaite la voir revenir au premier plan, dit-elle en entrevue. Ce sera cependant long et difficile même si elle ne peut que progresser après ses déboires de 2015. Quand des joueuses ont des ennuis sur les courts, je leur dis toujours de regarder les vidéos de leurs bons matchs et d'observer ce qu'elles faisaient différemment pour retrouver leur confiance.

«Mais la confiance n'est pas tout. Eugenie doit aussi soigner son attitude, prévient Evert. J'espère qu'elle a compris après sa dernière saison qu'elle devait se concentrer davantage et démontrer plus de discipline. Elle le faisait avec Nick Saviano et elle doit revenir à cela si elle veut vraiment réussir. Elle devra aussi porter des œillères: elle en menait large la saison dernière avec les demandes des médias, les unes des magazines et les sorties mondaines. Elle a un peu perdu sa concentration à travers tout ça et c'est devenu complètement fou après l'Omnium des États-Unis. Juste comme elle commençait à mieux jouer, cette affaire de commotion a tout bouleversé.

«On dirait qu'elle a réussi à retrouver un peu de calme, à se concentrer sur son tennis, et c'est vraiment essentiel pour elle. Eugenie est vraiment une joueuse qui a besoin de confiance en elle pour être au sommet de sa forme. Elle est tellement agressive. Elle y va toujours pour les gros coups gagnants et il faut une sacrée dose de confiance pour jouer de cette façon. Quand on étudie un peu le jeu d'Eugenie, on réalise vite qu'elle ne sait pas comment jouer du tennis défensif et qu'elle ne sait pas davantage comment jouer du tennis d'échanges. Elle veut gagner le point à tous les coups. Il faut vraiment avoir confiance en soi pour frapper tous ses coups de cette façon parce que peu de joueuses en sont capables.»

Evert croit quand même que Bouchard a les moyens pour rebondir : «On a vu récemment qu'elle retrouvait son jeu, que ses coups avaient plus de mordant. Elle a déjà remporté beaucoup de matchs cette année et sa confiance revient lentement. Mais ce sera long, il y a tellement de bonnes joueuses sur le circuit et tous les tournois sont relevés. Et contrairement aux deux dernières saisons, elle a des tableaux difficiles, des matchs contre les favorites au premier ou au deuxième tour. Cela peut être frustrant et il faut s'armer de patience.»

L'Américain Brad Gilbert, un ancien joueur devenu entraîneur et aussi analyste à la télé américaine, insiste aussi sur la difficulté de la tâche qui attend Bouchard : «Pour l'instant, elle est à la merci des tirages au sort. Elle a surtout besoin de victoires afin de remonter un peu au classement et de revenir parmi les têtes de série. Après cela, si elle joue bien, les choses vont se replacer pour elle.»

L'Américaine Pam Shriver a aussi été impressionnée par le retour en forme d'Eugenie : «Il ne faut pas la compter pour battue, assurait-elle récemment en conférence téléphonique. Elle a montré dans le passé qu'elle pouvait composer avec la pression. Si elle retrouve son jeu et sa confiance − et je crois qu'elle les retrouvera bientôt −, elle sera une adversaire redoutable pour toutes les autres joueuses et elle pourrait en surprendre plusieurs, même en Grand Chelem. Nous sommes présentement dans une ère du tennis féminin où il y a plusieurs opportunités pour les filles qui croient en leurs moyens. Peu de joueuses réussissent à maintenir leur niveau sur une longue période, contrairement à mon époque. Quand on voit que des joueuses comme Flavia Pennetta (Omnium des États-Unis 2015) et Angelique Kerber (Internationaux d'Australie 2016) ont remporté des tournois majeurs récemment, on se dit qu'Eugenie en est capable. »

L'Australienne Rennae Stubbs, ancienne numéro un mondiale en double et analyste à la télé de son pays, dit pour sa part : « Tout le monde savait que ce serait difficile pour elle en 2015 après une saison comme elle avait connu l'année précédente. On l'avait beaucoup vue jouer, et pratiquement toutes les joueuses avaient maintenant une bonne idée de la façon de la battre. En ce sens, la saison en cours est plus facile, car les attentes ne sont plus les mêmes, la pression non plus. Elle devrait être plus détendue maintenant et recommencer à jouer avec confiance. Car c'est avant tout dans la tête que ça se joue au tennis. Les grandes joueuses sont celles qui sont les plus fortes mentalement. Il faut aimer la pression. »

La Canadienne Stacey Allaster, qui a longtemps dirigé le circuit féminin et qui occupe maintenant une poste important à la USTA, souligne : « Eugenie a connu une ascension météorique. Cela peut être une très bonne chose, mais aussi un fardeau. Je lui ai souvent rappelé qu'une carrière est davantage un marathon qu'un sprint. C'est important de bien doser ses efforts et ses émotions. Quand elle avait 12 ans, Eugenie avait reçu une bourse portant mon nom et elle m'avait assuré qu'elle serait sur le circuit professionnel un jour. Elle était forte et confiante à l'époque, et je crois qu'elle l'est encore aujourd'hui. Je crois toujours en elle. »

Si les experts du tennis semblent convaincus que Bouchard a toujours ce qu'il faut pour briller de nouveau sur les courts, ses commanditaires, eux, n'ont aucun doute quant à sa valeur. Chez Nike, pendant que Serena Williams prend de l'âge et que Maria Sharapova a perdu sa crédibilité, la jeunesse et le charisme d'Eugenie sont des atouts que le géant américain entend bien exploiter. Avec l'Australien Nick Kyrgios, Eugenie représente la « relève » du tennis dans toutes les campagnes de Nike aux côtés de Williams, de Roger Federer et de Rafael Nadal.

Chez Coca-Cola, on se réjouit d'avoir une telle ambassadrice au Canada. « Elle est toujours une joueuse de haut calibre, assure Michael Samoszewski. Même si elle a connu sa part d'ennuis au cours de la dernière année, elle n'a rien perdu de ses qualités à nos yeux. En fait, ses déboires l'ont même rendue plus intéressante, car les gens aiment voir des athlètes se relever et connaître du succès après une séquence plus difficile. Nous l'avions choisie en 2014 parce qu'elle offrait une image positive du Canada avec les valeurs de jeunesse, d'optimisme et d'ouverture dont nous faisons la promotion. Sa popularité et son utilisation des médias sociaux lui permettent de rejoindre un très grand nombre de partisans. Nous sommes heureux de travailler avec elle et espérons poursuivre notre collaboration encore longtemps. »

LA RETRAITE
À 30 ANS ?

On voit de plus en plus de joueuses poursuivre leur carrière bien au-delà de la trentaine. Serena Williams, l'incontestable numéro un mondiale, aura 35 ans cette année. Si on se fie à ce qu'elle a souvent laissé entendre, Eugenie Bouchard ne jouera pas aussi longtemps. En 2015, quelques jours avant le tournoi de Wimbledon où Williams allait tenter de remporter son quatrième tournoi consécutif en Grand Chelem, Eugenie avait confié au réseau ESPN : «C'est incroyable à quel point Serena Williams a été dominante depuis plus de 10 ans alors que le niveau est de plus en plus élevé. Je ne veux pas jouer aussi longtemps qu'elle. Je ne jouerai pas après 30 ans. Pourquoi? Je veux fonder une famille et vivre une vraie vie!»

CONCLUSION

Pendant une dizaine d'années, après son départ pour l'académie de tennis de Nick Saviano en Floride en 2006, Eugenie Bouchard a vécu sa carrière à toute vitesse, un peu comme une fuite en avant.

Elle a voyagé sur tous les continents, découvert les grandes capitales du monde et de petites villes perdues où étaient disputés des tournois de tennis. Elle a joué sur des courts en piètre état, mais aussi sur le prestigieux Court central de Wimbledon ou dans l'immense stade Arthur-Ashe, à New York. Elle a travaillé avec plusieurs agents, entraîneurs, partenaires d'entraînement et préparateurs physiques.

Obnubilée par sa quête d'être numéro un, elle n'a pas toujours fait les bons choix, mais elle a pris le parti de les assumer avec aplomb, devant les journalistes du moins. Et elle assure n'avoir aucun regret : « Il faut parfois faire des erreurs pour apprendre », expliquait-elle en point de presse au début de la saison. « Avec le recul, je crois que c'était bien de travailler avec d'autres personnes et j'avais vraiment envie de faire ces changements quand je les ai faits. »

« Malheureusement, les gens ne peuvent pas tous travailler ensemble et on ne le réalise souvent qu'après avoir essayé.

C'est sûr qu'il m'arrive de douter de certaines décisions que j'ai prises plus tôt dans ma carrière, mais c'était vraiment ce que je voulais faire à ce moment précis, et je crois que j'aurais toujours regretté si je n'avais pas essayé. C'est difficile d'apprendre ainsi de ses erreurs, mais c'est un processus normal. »

Eugenie n'a d'ailleurs pas hésité à prendre d'autres décisions importantes au cours des derniers mois. On a d'abord appris à la mi-avril que son contrat avec l'agence WME-IMG n'avait pas été renouvelé. Bouchard travaillait avec la réputée Jill Smoller depuis décembre 2014 et, malgré les déboires de la joueuse en 2015, l'agence avait réussi à négocier des ententes de commandites avec de nouveaux partenaires tels Rolex et Aviva. Même si le contrat était échu depuis décembre 2015, Smoller représentait toujours Bouchard au début de l'année 2016, et les négociations se poursuivaient en vue d'un nouveau contrat.

Les deux parties n'ont pas commenté leur séparation, WME-IMG se contentant de souhaiter bonne chance à l'athlète pour la suite de sa carrière. Comme cela avait été le cas en 2014, plusieurs agences ont manifesté leur intérêt à travailler avec Eugenie, et on peut être certain qu'elle aura vite trouvé des partenaires de haut niveau.

La « valeur commerciale » de la Canadienne reste d'ailleurs très élevée, et on en a eu une autre preuve à la fin avril quand Nike a lancé une nouvelle ligne de survêtements d'entraînement. C'est Maria Sharapova qui devait à l'origine être la vedette de la campagne promotionnelle prévue pour le lancement, mais le contrat de la Russe avec Nike avait été suspendu après l'annonce d'un test antidopage positif au début de la saison.

Le manufacturier américain s'est donc tourné vers Bouchard, et c'est elle qu'on a vue sur les photos et vidéos associées au lancement des vêtements. Eugenie avait aussi été l'une des vedettes à qui Nike avait demandé de porter les chaussures soulignant la retraite du joueur de basketball Kobe Bryant, le 13 avril, pour son dernier match. En convalescence à Montréal pour soigner une blessure à l'abdomen, Bouchard avait posé sur la terrasse de son condo du centre-ville, et ses photos s'étaient vite retrouvées dans les médias sociaux.

L'autre décision significative d'Eugenie Bouchard au printemps 2016 est sûrement le retour de l'entraîneur Nick Saviano à ses côtés. L'athlète travaillait avec le Suédois Thomas Hogstedt depuis l'automne 2015 et leur collaboration semblait très positive. Calme et pondéré, l'entraîneur de 52 ans avait créé un environnement positif autour d'Eugenie avec son adjoint français, Cyril Saulnier. Hogstedt était toutefois associé à l'agence IMG et il a vite rejoint le camp de l'Américaine Madison Keys, une autre cliente de l'agence, après la fin de son contrat avec Bouchard.

Quoi qu'il en soit, le retour de Saviano est un signe de maturité de la part de Bouchard. C'est la jeune femme qui a fait les premiers pas, oubliant un peu son orgueil même si les ponts n'avaient jamais été complètement rompus entre elle et l'entraîneur américain. En principe, Saviano la rejoindra dans les grands tournois tandis que Saulnier continuera de l'accompagner régulièrement. «J'ai connu Nick quand j'avais 12 ans, et il est vraiment comme un second père pour moi, a reconnu Eugenie en entrevue. Nous avons travaillé ensemble pendant plusieurs saisons et cela a été bien de prendre une pause de plus d'un an.

« J'ai l'impression que cela a renforcé l'appréciation et le respect que nous avons l'un pour l'autre. Quand il parle, je l'écoute et je sais qu'il m'écoute aussi quand c'est moi qui parle. Aucun autre entraîneur que lui ne connaît aussi bien mon jeu. J'ai une grande confiance en lui et je suis convaincue que sa présence est vraiment ce dont j'ai besoin à ce moment-ci de ma carrière.

« En un sens, je suis un peu dans la même position que j'étais en 2013 quand il a commencé à voyager avec moi et que j'ai commencé ma progression vers le Top 10. Je dois faire mes preuves à nouveau, me battre pour grimper dans le classement et être prête à tout laisser sur le court à chaque match. C'est un beau défi, mais je crois en moi. Je sais que je peux jouer à nouveau comme je l'ai fait en 2014 quand j'ai atteint une finale en Grand Chelem, et je suis convaincue que je jouerai à nouveau dans une grande finale. »

Jusqu'ici, le parcours d'Eugenie Bouchard ressemble à celui de plusieurs autres joueuses de tennis qui ont connu une ou deux très bonnes saisons avant de rentrer dans le rang. Quelques-unes ont réussi à revenir au premier plan.

Eugenie en a les moyens. Avec un peu de maturité et de patience, elle devrait bien finir par réaliser son rêve.

CAHIER
PHOTOS

Les débuts d'Eugenie Bouchard à sept ans sur les courts du parc Mohawk
près de chez elle à Westmount.

Photo: Tennis Canada, gracieuseté de la famille Bouchard

Championne du tournoi junior de Wimbledon, en 2012.
Photo: Stefan Wermuth/Reuters

En 2008, première participation à la Coupe Rogers, en qualification alors qu'elle n'a encore que 14 ans.

Photo: David Boily/*La Presse*

Le 8 août 2012, elle remporte son premier match à la Coupe Rogers, 4-6, 6-2, 7-5, contre l'Israélienne Shahar Peer et devant une foule comblée au stade Uniprix.

Photo: André Pichette/*La Presse*

Entre son entraîneur, Nick Saviano, et sa mère, Julie Leclair, en 2014, au stade Uniprix.

Photo: Robert Skinner/*La Presse*

Capitaine de l'équipe canadienne de Fed Cup, Sylvain Bruneau est toujours resté près d'Eugenie.

Photo: Hugo-Sébastien Aubert/*La Presse*

Le premier titre dans un tournoi international de la WTA en mai 2014, à Nuremberg, en Allemagne.

Photo: Daniel Karmann/Associated Press

←

Les finalistes du tournoi de Wimbledon en 2014, Eugenie Bouchard et la championne Petra Kvitova.

Photo: Sang Tan/Associated Press

Les membres originaux de la «Genie Army» avaient été invités à Montréal pour la Coupe Rogers, en 2014.

Photo: David Boily/*La Presse*

De retour à Montréal pour la Coupe Rogers, en août 2014, Eugenie est heureuse de retrouver ses admirateurs...

Photo: Robert Skinner/*La Presse*

... mais elle se serait probablement passée de l'intense attention médiatique!

Photo: Robert Skinner/*La Presse*

Les huit finalistes du Championnat de la WTA, en octobre 2014 à Singapour, attendent d'être présentées au public lors du tirage au sort du tournoi. Dernière à droite, Eugenie n'a visiblement pas la tête au potinage.

Avec la Russe Maria Sharapova, sur le court central de Roland-Garros, avant la demi-finale des Internationaux de France de 2014.

La soirée des joueurs et joueuses précédant le tournoi de Wimbledon est un des événements mondains les plus importants de la saison de tennis. Eugenie défile sur le tapis rouge du «party» de 2013, au Kensington Roof Gardens.

Une autre sortie mondaine, au banquet de la rencontre de Fed Cup Canada-Roumanie en avril 2015, avec Françoise Abanda, Gabriela Dabrowski et Sharon Fichman.

Photo: Olivier Pontbriand/*La Presse*

L'entraîneur français Sam Sumyk devait amener Eugenie à un autre niveau, mais il n'a jamais réussi à établir une bonne relation avec elle, et leur collaboration a duré moins de six mois.

Photo: Henry Browne Livepic/Reuteurs

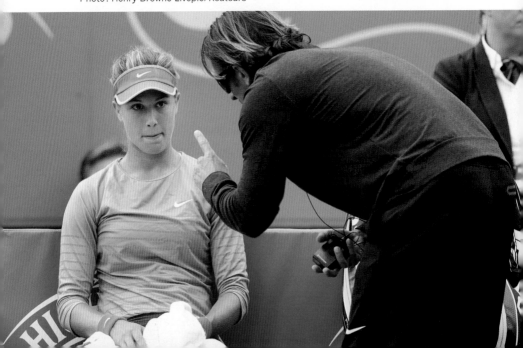

«Incident diplomatique» en avril 2015 lorsqu'Eugenie refuse de serrer la main de sa rivale Alexandra Dulgheru lors du tirage au sort des matchs de la rencontre Canada-Roumanie, en Fed Cup.

Photo: Hugo-Sébastien Aubert/*La Presse*

Malgré une saison décevante jusque-là, Eugenie participe avec les vedettes de Nike à une activité promotionnelle au centre de Manhattan avant l'Omnium des États-Unis de 2015.

Photo: Nike Corp.

Le 4 septembre 2015, gênée par la chaleur pendant son match de troisième tour de l'Omnium des États-Unis contre la Slovaque Dominika Cibulkova. C'est ce soir-là, après un autre match, qu'elle fera une chute dans les vestiaires du stade Arthur-Ashe...

Photo: Charles Krupa/Associated Press

... Un mois plus tard, au tournoi de Pékin, elle doit abandonner son match de premier tour contre l'Allemande Andrea Petkovic en raison des symptômes liés à la commotion cérébrale qu'elle a subie à New York.

Photo : Reuters

En février 2016, de retour d'Australie où elle a bien amorcé la saison, Eugenie s'offre une nouvelle coiffure et fête son 22e anniversaire avec sa sœur jumelle, Beatrice.

Photo : Mark Blinch/The Canadian Press

À Kuala Lumpur en mars 2016, Eugenie atteint pour la deuxième fois de la saison la finale d'un tournoi. Elle ne s'incline qu'en trois longues manches face à l'Ukrainienne Elina Svitolina.

Photo : Mai Techaphan/Shutterstock

Sur le parquet du Centre Air Canada, à Toronto, avec son compatriote Milos Raonic lors d'un match des célébrités organisé dans le cadre du Match des étoiles de la NBA (basketball), en février 2016.

Photo : Chris Young/The Canadian Press

←

Au service pendant son match de deuxième tour des Internationaux d'Australie de 2016, à Melbourne, contre la quatrième favorite Agnieszka Radwanska.

Photo : Jimmie48 Photography/Shutterstock

CHRONOLOGIE SPORTIVE

25 FÉVRIER 1994
Naissance à Westmount.

AUTOMNE 2006
Après sept années de leçons à Montréal, elle s'installe avec sa mère en Floride pour fréquenter l'Académie de tennis de Nick Saviano.

HIVER 2008-2009
Retour à Montréal pour entrer au Centre national d'entraînement de Tennis Canada au stade Uniprix.

FIN 2010
535ᵉ

AVRIL 2011
Premier titre professionnel à Burnie, en Australie, et première sélection en Fed Cup pour représenter le Canada. Elle présente une fiche de 1-1 dans une défaite de 3-2 du Canada contre la Slovénie.

FIN 2011
302ᵉ

JUILLET 2012
Double championne junior à Wimbledon en simple et en double (avec l'Américaine Taylor Townsend). Elle avait déjà été championne du double l'année précédente (avec l'Américaine Grace Min).

AOÛT 2012
Après un titre au Challenger de Granby (victoire contre Stéphanie Dubois en finale), elle remporte sa première victoire à la Coupe Rogers contre l'Israélienne Shahar Peer, 56ᵉ mondiale.

FIN 2012
144ᵉ

JUIN 2013
Quelques semaines après sa première victoire contre une joueuse du Top 10, Samantha Stosur (8ᵉ), au troisième tour à Charleston, elle atteint le troisième tour à Wimbledon après avoir battu l'ancienne numéro un mondiale Ana Ivanovic, 6-3, 6-3, au deuxième tour.

FIN 2013
32e

JANVIER 2014
Elle remporte cinq matchs et atteint les demi-finales des Internationaux d'Australie en Grand Chelem.

AVRIL 2014
Elle remporte ses deux simples de la rencontre contre la Slovaquie et mène le Canada au Groupe mondial I de la Fed Cup.

MAI 2014
Premier titre sur le circuit de la WTA, à Nuremberg, avec une victoire de 6-2, 4-6, 6-3 en finale contre la Tchèque Karolina Pliskova. Elle enchaîne avec une autre demi-finale en Grand Chelem à Roland-Garros, où elle s'incline après trois longues manches, 6-4, 5-7, 2-6, contre l'éventuelle championne Maria Sharapova.

JUIN 2014
12e

JUILLET 2014
Elle atteint la finale du tournoi de Wimbledon et, malgré une cuisante défaite contre Petra Kvitova (2-6, 0-6), elle touche un chèque de 1,6 million de dollars, la plus importante bourse de sa carrière.

JUILLET 2014
7e

OCTOBRE 2014
Elle participe au Championnat de la WTA à Singapour avec les joueuses de Top 8 mondial. Elle perd ses trois matchs contre Simona Halep, Ana Ivanovic et Serena Williams.

OCTOBRE 2014
5e

JANVIER 2015
Elle atteint encore les quarts de finale aux Internationaux d'Australie, sa meilleure performance de la saison.

JUILLET 2015
Blessée à l'abdomen, elle est battue au premier tour à Wimbledon.

JUILLET 2015
25e

SEPTEMBRE 2015
Après avoir atteint le quatrième tour de l'US Open, elle est victime d'un accident dans les vestiaires du Centre national de tennis Billie Jean King, à New York.

OCTOBRE 2015
38e

JANVIER 2016
Finaliste au tournoi de Shenzhen, en Chine, elle est éliminée au 2e tour en Australie.

FÉVRIER 2016
61e

MARS 2016
Encore finaliste à l'Omnium de Kuala Lumpur, elle entreprend une remontée au classement mondial.

MAI 2016
Victoire de 6-1, 5-7, 7-5, contre l'Allemande Angelique Kerber, deuxième mondiale, au deuxième tour du tournoi de Rome; la première victoire de Bouchard contre une joueuse de Top 10 depuis septembre 2014.

LES PRINCIPAUX TOURNOIS DU CIRCUIT FÉMININ

LES TOURNOIS DU GRAND CHELEM

INTERNATIONAUX D'AUSTRALIE
Melbourne, deux dernières
semaines de janvier
15 millions de dollars australiens

**INTERNATIONAUX
DE FRANCE ROLAND-GARROS**
Paris, fin mai et début juin
10,5 millions d'euros

**LE CHAMPIONNAT
DE WIMBLEDON**
Londres, fin juin et début juillet
10,4 millions £ en 2015

OMNIUM DES ÉTATS-UNIS
Flushing Meadows (New York),
fin août et début septembre
16,5 millions US

LE CHAMPIONNAT DE LA WTA
Singapour, fin octobre
7 millions US

LES TOURNOIS DE CATÉGORIE PREMIÈRE OBLIGATOIRES
Toutes les joueuses du Top 10
doivent les disputer
Bourses d'environ 6,15 millions US

OMNIUM BNP-PARIBAS
Indian Wells (Californie),
début mars

OMNIUM DE MIAMI
Miami (Floride), mi-mars

OMNIUM DE MADRID
Espagne, début mai

OMNIUM DE PÉKIN
Chine, début octobre

LES TOURNOIS DE CATÉGORIE PREMIÈRE 5

Les joueuses du Top 10 doivent disputer quatre de ces cinq tournois
Bourses d'environ 2,5 millions US

OMNIUM DU QATAR
Doha, mi-février

INTERNATIONAUX D'ITALIE
Rome, mi-mai

COUPE ROGERS CANADA
Montréal et Toronto (en alternance), début août (en 2016, exceptionnellement en juillet en raison de la présentation des Jeux olympiques de Rio)

OMNIUM DE CINCINNATI
Ohio, mi-août

OMNIUM DE WUHAN
Chine, fin septembre

LES TOURNOIS DE CATÉGORIE PREMIÈRE

L'inscription à ces tournois est facultative pour les joueuses du Top 10
Bourses d'environ 700 000$ US

INTERNATIONAUX DE BRISBANE
Australie, début janvier

INTERNATIONAUX DE SYDNEY
Australie, mi-janvier

TROPHÉE FÉMININ DE SAINT-PETERSBOURG
Russie, début février

TROPHÉE FÉMININ DE DUBAI
Émirats arabes unis, mi-février

OMNIUM DE CHARLESTON
Caroline du Sud, début avril

GRAND PRIX DE STUTTGART
Allemagne, mi-avril

CLASSIQUE DE BIRMINGHAM
Grande-Bretagne, mi-juin

INTERNATIONAUX D'EASTBOURNE
Grande-Bretagne, mi-juin

CLASSIQUE DE STANFORD
Californie, mi-juillet

OMNIUM DU CONNECTICUT
New Haven, mi-août

OMNIUM PAN PACIFIC
Tokyo, mi-septembre

COUPE DU KREMLIN
Moscou, mi-octobre

REMERCIEMENTS

Tout au long de ma carrière, j'ai pu apprécier la compétence et la gentillesse du personnel de Tennis Canada, des associations des joueurs et joueuses professionnels (ATP et WTA) et de celui des grands tournois, et je les remercie pour leur constante collaboration. J'aimerais aussi remercier tous les collègues que j'ai croisés dans les compétitions et en conférence de presse. Ma gratitude va aussi à toute l'équipe des Éditions La Presse. Leur enthousiasme, leur créativité et leur rigueur ont été grandement appréciés. Enfin, c'est beaucoup grâce à la patience et au support de ma conjointe, Chantal Demers, et de ma fille, Louna, que j'ai pu rédiger ce livre.

TABLE DES MATIÈRES